José de Espronceda

Amor venga
sus agravios

Barcelona **2024**
Linkgua-ediciones.com

Créditos

Título original: Amor venga sus agravios.

© 2024, Red ediciones S.L.

e-mail: info@linkgua.com

Diseño de cubierta: Michel Mallard.

ISBN rústica: 978-84-9816-261-5.
ISBN ebook: 978-84-9897-112-5.

Sumario

Brevísima presentación

La vida

José de Espronceda (Almendralejo, Badajoz, 1808-Madrid, 1842). España.
Hijo de militar, estudió en el colegio San Mateo de Madrid. Muy joven fundó la sociedad secreta Los numantinos, y por ello fue recluido en el convento de San Francisco de Guadalajara. En 1826 huyó a Lisboa y allí se enamoró de Teresa Mancha, hija de un liberal, a la que siguió a Londres y luego raptó en París, poco después de que ella se casase con un comerciante español.

Intervino en la revolución francesa de 1830 y en la expedición fracasada de Joaquín de Pablo contra el régimen absolutista de Fernando VII. De regreso a España (1832) fundó el periódico El Siglo y fue diputado republicano. Durante su destierro conoció a los autores románticos ingleses, franceses y alemanes, en quienes encontró un estilo más cercano a sus ideas.

Personajes

Abadesa
Beatriz
Conde de Piedrahita
Conde Duque de Olivares
Chamochín y cuatro músicos que hablan
Don Álvaro de Mendoza
Don Pedro Figueroa
Don Ponce y caballeros que hablan
Doña Clara de Toledo, marquesa de Palma
Dorotea
Felipe IV, rey a los dieciocho años
Fortuna
Margarita
Múzquiz
Otáñez
Pacheco
Padre Rafael
Rendones
Robleda
Teresa, demandadera
Una criada, convidados, monjas, novicia, un ujier, una tapada
Viejas que hablan

Acto I

Cuadro I

Escena I

(El parque del Retiro, al pie de palacio; una calle de árboles. Damas que pasean; varios corrillos de Galanes; algunas Tapadas, Mendoza.)

Mendoza   (A unas Tapadas.) A pesar de ir tan tapada, mal podéis encubrir vuestra hermosura.

Tapada   Galán sois, pero tened cuenta con lo que hacéis, y no sigáis más.

(Vanse.)

Mendoza   Ni tenía tal intención. (Pacheco llega precipitado a Mendoza y le abraza.) Pacheco, ¡cuánto me alegro de verte!

Pacheco   No me alegro yo menos; y por cierto que te hacía en Flandes ocupado en domar aquellos perros herejes, y no creía tener tanta dicha esta mañana.

Mendoza   Pues no, amigo, no todo han de ser asaltos, duelos, ni alarmas, y alguna vez ha de trocar uno el lecho campal iluminado por las estrellas por la cama, aunque estrecha en comparación, más blanda y acomodada. Yo, por ahora, me he propuesto vestir seda en vez de hierro, beber vino en lugar de cerveza, y ceñir la espada mejor que blandir la pica.

Pacheco	Tienes razón, y ya estarías harto de aquella vida, pero... ¿Cuándo has llegado?
Mendoza	Ayer mismo; y antes, como se suele decir, de quitarme las espuelas, he venido al parque esta mañana a recordar aquellas felices en que tantas y tan buenas aventuras corrimos. Te aseguro que este parque y las mañanas de mayo han sido cosas que nunca he podido olvidar.
Pacheco	Lo creo: en Flandes como no hay mes de mayo...
Mendoza	Allí hace un frío en este tiempo, que a estas horas por la calle no andan más que perros o soldados. Pero, hablando de otra cosa, tú conocerás todas estas muchachas: ¿ha habido muchas bajas? ¿Buenos reemplazos? Vaya, infórmame, porque yo te aseguro que hasta ahora no he conocido a ninguna, y estoy hecho un forastero en mi patria.
Pacheco	Pero creo que no tardarás mucho en hacer nuevos y útiles conocimientos, porque te vi, me parece, echar requiebros a una tapada...
Mendoza	Sí; pura galantería: la costumbre de galán y de soldado. Pasa una mujer, ¡qué diablos!, algo le ha de decir uno. Pero te aseguro que vengo muy mudado de como fui. Tú sabes que entonces una mujer era para mí un ángel; ahora no es más que un mueble cualquiera, más o menos útil, más o menos incómodo.
Pacheco	Es decir, que ahora en vez de enamorarte tú, las enamoras a ellas, y en seguida las dejas sin misericordia.

Mendoza	No, ni aún en eso pierdo el tiempo.

(En un corro Figueroa y otros.)

Figueroa (Enojado.)	Caballeros, el que pronuncie el nombre de esa señora, o siquiera hable de ella, lo hará con la espada en la mano para esperar mi respuesta.
Caballero I	Señor don Pedro, no os acaloréis, que no fue mi intención ofenderla; os vi en el bosque ahora poco...
Figueroa	Silencio, os suplico. (Se pasea solo.)
Caballero I	Es un gallego intratable.
Caballero II	Montaraz.
Caballero III	¡Un pobre hidalgo que no tiene sobre qué caerse muerto, con más vanidad...!
Mendoza	Sí, para eso me ha llamado mi tío. Quiere casarme con mí prima Clara. Yo no la conozco apenas, porque ella era niña cuando yo me fui; y es lo mejor que no he preguntado aún si es fea o bonita.
Pacheco	Te felicito por tu boda con ella, es bonita, y además, sus riquezas y el título de marqués de Palma que te dará con su mano, te pondrán en estado de hacer un brillante papel en la corte.
Mendoza	Tal he pensado, porque al fin y al cabo un segundón como yo no tiene otra salida que un buen casamiento, o un beneficio, si sigue la iglesia. A mí me dio por la espada, y como he reparado que con ella mejor se

11

alcanza un chirlo que le divida a uno las narices que una buena renta, después de haber gastado mi patrimonio, sin otro recurso que mi apellido y mi buena suerte, cansado de las borrascas de la vida, me acojo al puerto seguro del matrimonio.

Pacheco

Sí, para entregarte en mejor navío, y bien armado y provisto, al mar de la ambición, del poder y de la fortuna.

Mendoza

Cabalmente.

Pacheco

Y doña Clara de Toledo, marquesa de Palma, es el mejor mueble, o escalón, que podía proporcionarte la suerte.

Mendoza

Y por eso me caso con ella. Además, tengo entendido que es una inocente, de carácter muy dulce, criada y educada en un convento de donde ha poco que salió. Mi tío es su tutor; me ha asegurado que no sabe qué cosas son galanteos, amigas, ni visitas, que no ve sino a él y al padre Rafael, confesor del rey y vicario de las monjas con quienes se crió. ¡Cortada y hecha para mí! Ya ves... joven, bonita, según tú dices, marquesa de Palma, rica, simplecilla, y que se hará por consiguiente a mis mañas... ¡voto va!, que es haber encontrado con la horma de mi zapato.

Pacheco

De modo que cuando andes en coche, prives con el rey y te llamen su excelencia el señor marqués de Palma, habrá que echarte memoriales para hablarte.

Mendoza

Te aseguro que después de tan malas noches como he pasado en aquellas malditas dunas de Holanda, el agua o la nieve a la cinta, contando los minutos, y esperando un arcabuzazo como un amante la hora de la cita, te aseguro que tengo vivas ansias de pisar alfombras y hundir colchones de pluma. Por lo demás, y si no se verificase la boda, ni se muriese la muchacha, que también me viene a mí por línea recta su título en ese caso, quiere decir que... a la guerra me lleva mi necesidad, como dice la copla, si tuviera dinero no fuera en verdad, o iría de muy diferente manera.

(Corrillo donde está Figueroa.)

Caballero I   Aquel es. (Señalando a Mendoza.)

Figueroa (Cuidadoso.) ¿Y decís que viene a casarse con la marquesa de Palma, su prima?

Caballero III   (A otro, sonriendo.) ¿No reparas que apenas puede tragar la saliva?

Caballero I   Lo sé de fijo: su mismo tío, el conde de Piedrahita, tutor de la joven marquesa, le ha hecho venir de Flandes, con esa intención.

Figueroa   Pero ese casamiento se verificará, o no, según ella quiera.

Caballero II   Y si ella no quiere también. El tutor tiene gran favor en la corte; alcanzará del rey lo que mejor le acomode y forzará la voluntad de la niña.,

Pacheco (A Mendoza.) Es extraño que no haya venido. Todas las mañanas viene a pasear con todo el aparato de escuderos, viejos y damas de honor que corresponde a dama tan principal.

(Corrillo.)

Caballero I	Ved lo que decís, don Pedro, sobre eso, de que no hay ley divina ni humana que autorice a forzar la libertad de nadie. Habláis con un calor que cualquiera recelaría...
Figueroa	Nadie recelaría, yo defiendo la justicia y...
Caballero II	¿Y fiáis en la voluntad de firmeza de una mujer?
Figueroa	Señor caballero, una mujer es capaz de tanta voluntad como no podemos ninguno de nosotros imaginarnos.
Mendoza	Está el paseo delicioso y va cada vez viniendo más gente.
Pacheco	Vente por este lado hacia el estanque y galantearemos un rato a las tapaditas de medio pelo, que allí es el paseo de las aventuras.
Mendoza	Sí, vamos... pero no, que allí viene mi tío con el confesor del rey. Ayer noche no hice más que verle un momento, y no quiero que me tenga por un rapaz inconsiderado y sin seso.

Escena II

(Dichos y el Conde de Piedrahita y el Padre Rafael, que salen por una puerta de las de palacio. Corrillo. Figueroa aparte hablando con el primer caballero.)

Caballero II	No lo dudéis, el buen Figueroa está loco de amor por ella.
Caballero III	¿Y ella le quiere?

Caballero II	No hay duda.
Caballero IV	Las mujeres son caprichosas. En medio de tan brillante juventud ha ido a elegir un hidalguillo gallego, vasallo suyo. Ved con qué afán habla con nuestro amigo.

(Señalando a Figueroa.)

Conde (a Mendoza.)	¡Hola, mala cabeza! No vendrás muy cansado del viaje cuando tan temprano has dejado la cama.
Mendoza	La fatiga es el descanso del soldado y la costumbre de velar que traigo me hace despertar antes de amanecer como si oyera el toque de alarma.
Padre Rafael	¿Este caballero es el sobrino de que me habéis hablado alguna vez y que estábais esperando de Flandes?
Conde	El mismo, y en él os presento a don Álvaro de Mendoza, capitán de los tercios españoles, de cuyas hazañas habréis oído hablar en la corte más de una vez.
Mendoza	Humilde servidor de vuestra paternidad.
Padre Rafael	Servidor de Dios. Y a fe que no desmiente su gallarda presencia los hechos que de él se refieren.
Mendoza	Agradezco la merced que vuestra paternidad me hace.

Escena III

(La Marquesa con el aparato de comitiva. Figueroa se separa del corrillo procurando hacerse notar de ella. Los Caballeros hablan entre sí; lo mismo Mendoza en otro corrillo.)

Caballero I	Vedla. Allí viene la marquesita de Palma con toda su comitiva.
Caballero II	Mirad a Figueroa qué turbado se ha puesto en cuanto le ha visto y cómo se ha deslizado de nuestro corro.
Cond	Le miro como a mi hijo y es el esposo que tengo destinado a mi pupila Clarita.
Padre Rafael	Desengañaos, conde, doña Clara ha elegido mejor esposo: yo la conozco bien y sé cuánto ella prefiere al mundo el retiro y el silencio del claustro. Su vocación, o yo me engaño mucho, o es verdadera sin duda alguna.
Mendoza	Esa virtud de mi prima doña Clara me encanta y me enamora sobremanera.
Conde	Cuando yo te lo digo... es la única mujer para mujer propia. Yo convengo con su paternidad en que la chica gusta más del retiro y de la soledad que de saraos y bailes, pero esa es precisamente la razón en que me fundo para dártela por mujer.
Mendoza	¿Y sabéis acaso si ella gustará de mí?
Conde	¡Gustar de ti! Clara no tiene más voluntad que la mía; además que no entiende ella de eso.

(El último escudero de la marquesa se acerca a Figueroa; el conde y el fraile llegan después a la marquesa y la saludan.)

Pacheco	Allí viene, ésa es.

(A Mendoza, bajo y señalándosela.)

Mendoza	El escudero aquel que se ha apartado a un lado con aquel hombre, ¿no es de su comitiva?

Pacheco	Sí.

Mendoza	Parece que le da un recado; (Aparte) si sabrá la niña más de lo que se cree. Apostaría a que es una cita amorosa.

Otáñez (A Figueroa.)	¡Ce!. Despachad. Esta noche a las doce os espera mi señora en la reja del jardín. No faltéis. Adiós.

Figueroa	¿A las doce? ¡Oíd! No os vayáis tan pronto.

Otáñez	Sí, a media noche por la reja del jardín, adiós.

Mendoza (Aparte.)	No hay duda: él la sigue con la vista y ella ha vuelto a mirarle: ¡buen chasco está para un novio!

Caballero I	Os doy la enhorabuena (A Figueroa, que vuelve al corro) vuestra cara manifiesta que habéis recibido alguna buena noticia.

Figueroa	Os preciáis de fisonomista, según veo; pero os aconsejo que en adelante hagáis vuestras observaciones en otro semblante que en el mío.¿Me comprendéis...?

(Vase.)

Mendoza (A Pacheco.) ¿No le conoces?, pues síguele e infórmate de quién es. Hasta luego.

(Vase Pacheco.)

Conde

La mejor rosa de mayo faltaba, y he aquí que viene a adornar nuestros jardines. Bienvenida, mi querida doña Clara.

Clara

¡Este paseo de por la mañana me gusta tanto!

Padre Rafael

Es un recreo saludable y la mejor hora para dar gracias al Criador y admirar sus maravillas.

Conde

Y la única diversión de que gusta mi querida pupila.

Mendoza (Aparte.)

Y que proporciona un medio excelente de dar una cita.

Clara

Os aseguro, señor conde, que vivo feliz sin necesidad de otros pasatiempos. Tengo para mí que deben ser desgraciadas las personas que necesitan ese bullicio del mundo para distraerse; sin duda tratan de atolondrarse con su estrépito y olvidar sus pesares por un momento.

Padre Rafael

Doña Clara piensa como se debe: amar a Dios y vivir para morir es la senda que conduce a la vida eterna.

Mendoza (Aparte.)

Sermón tenemos.

Conde

Sin embargo, doña Clara me hará el favor de mirar un momento con buenos ojos a su primo don Álvaro de Mendoza, que acaba de llegar de Flandes y que se ofrece por su servidor.

Clara	Me doy el parabién de tener tal caballero por primo mío.
Mendoza	Y yo, señora, tengo por dichoso este instante, puesto que hago en él tan ventajoso conocimiento. Mucho, prima, me habían alabado tu hermosura, pero veo que han sido muy escasos los elogios y mezquina mi imaginación.
Clara	Agradezco, don Álvaro, vuestra cortesía.
Conde	Todo eso está muy bien; pero es preciso que os tratéis de aquí en adelante con más franqueza. Ya sabes, doña Clara, que tu primo ha de ser, si hemos de hacer mi gusto, tu esposo.
Clara (Aparte.)	¡Suerte fatal!
Mendoza	Ésa será para mí la felicidad suprema. (Aparte.) ¡Mala cara pone!
Clara (Aparte.)	¡Y para mí la muerte!
Conde	Propiedad de todas las doncellas ponerse coloradas y mirar al suelo cuando se las habla de casamiento. Pero dejemos esto, que se ha de tratar más despacio, y paseemos un rato.
Padre Rafael	El rey debe salir de un momento a otro, y el señor conde no habrá olvidado que tanto él como yo tenemos que acompañarle.
Conde	Estas caras inocentes que le hacen a uno olvidarse de todo... pero tenéis razón. Tú, Clara, ve y da tu acostum-

	brado paseo, y si no te incomoda puede acompañarte tu primo.
Mendoza	Para mí será un placer si doña Clara se sirve aceptar mi compañía.
Clara (Aparte.)	¡Oh, qué enojo! (Alto.) Bien, ¿por qué no?, yo iré muy honrada con ella.
Voces dentro	¡Plaza al rey!
Voces dentro	¡Plaza! El rey.
Conde	El rey viene. Adiós, doña Clara.
Padre Rafael	Id con Dios, niña,

(Vanse ambos a recibir al rey.)

Mendoza	Gran ventura es la mía esta mañana. (A Doña Clara.)
Clara (Aparte.)	Que fastidioso es: le aborrezco. La mía... Vamos, estoy tan poco acostumbrada al lenguaje de la galantería, que apenas sé responder.
Mendoza	Vuestros ojos hablan por sí solos, y su lenguaje penetra en el corazón.

(Doña Clara echa a andar; Mendoza la sigue gatanteándola. La gente corre a ver salir al rey.)

Cuadro II

(Calle: a la derecha del espectador, el cercado de un jardín con algunas rejas que van a dar a la calle. Es media noche, serena, aunque de poca luz.)

Escena I

(Figueroa, Mendoza.)

Figueroa   No han llegado aún, y ya pasó la hora convenida... (Pasa al lado opuesto y mira por la calle adelante.) ¡Ni un alma aparece! ¡Qué rabia! ¿Qué será en este instante de mi Clara? ¿Si esperará la seña convenida, fiel a sus juramentos? ¿Quién sabe? ¡Ese capitán Mendoza recién venido de Flandes! ¡Estos músicos de Barrabás! ¿Si habrán errado la calle?

(Asómase por el lado derecho. Sale Mendoza por el lado opuesto embozado.)

Mendoza   Dos vueltas he dado a la casa y las dos en balde. Sin embargo ésta debe ser la hora del lance y por mi nombre que no he de aguantar dado falso de un pájaro de primer vuelo. Sepa yo en qué paran los cuchicheos de esta mañana, que aunque cualquier suceso me sea indiferente, el averiguarlos todos es importante a mis designios. Asalte yo el castillo de mi ambición y siquiera sea por la escala o por la brecha. ¡Hola! ¿Quién va? (A DonPedro, que aparece.)

Figueroa   ¿Chamochín?

Mendoza   Señor. (Aparte.) Fingir y veamos

Figueroa   ¿Dónde están tus compañeros? Pronto, que vengan aquí. Toda la noche me tenéis renegando de vuestra tardanza.

Mendoza	Por eso me he adelantado a tranquilizar a vuestra merced y a disculpar nuestra inexactitud.
Figueroa	¿Cómo es eso? ¿Quieres insultarme, traidor embustero? ¿Conque vienes solo a decirme que no cumples tu palabra?
Mendoza	Eh, poco a poco, caballero idos a la mano si os cumple... (Reportándose.) que aunque músico, soy hombre honrado. Atrás viene la banda y estará aquí muy pronto.
Figueroa	Eso último te valga, porque si no, lo pasas mal a fe mía. ¿Pero cómo tan tarde?
Mendoza	Cosa muy sencilla. Que antes que ir con vos teníamos que dar serenata algo distante de aquí por un galán gentilhombre, a quien debemos mucho y se nos citó más temprano. Todo podía hacerse como otras noches; mas en ésta, por arte del demonio, cuando mejor iba el concierto, engrescóse una de... ¡Atrás la ronda!, cuchilladas, cintarazos y ¡favor al rey!, que hasta una hora después ha sido imposible reunirse, ni...
Figueroa	Ahí están: colocaos en lo alto de la calle y desde allí entonad la letra que esta tarde os di.

(Vienen los músicos por la calle abajo.)

Mendoza	Se hará como mandáis.

(Va a irse.)

Figueroa	Atiende, Chamochín. Os iréis aproximando despacio hacia este sitio y observaréis lo que os vaya ordenando.
Mendoza	Muy bien, señor. (Aparte.) Él es, no hay duda, pero juraré no perderle de vista. (Don Pedro se dirige a la casa. Hablando con el grupo, un músico se adelanta.) ¿Chamochín? Volved a la esquina, y desde allí bajad despacio cantando la letra que esta tarde os mandó aprender el señor don Pedro Figueroa. (Retroceden los músicos. Mendoza los sigue.)
Figueroa	Ánimo, esperanzas mías. (Observa.) El jardín está solo, no se mueve ni una hoja, solo percibo el murmullo de la fuente y el palpitar de mi pecho.

(Apoyado en la reja y pensativo.)

Escena II

(Los precedentes, Chamochín y músicos, y después Clara.)

(Oyese la canción.)

> Despierta, hermosa señora,
> señora del alma mía:
> den luz a la noche umbría
> tus ojos que soles son.
> Despierta, y si acaso sientes
> tu corazón conmovido
> es que responde al latido
> de mi amante corazón.
> Oye mi voz.
> Oye mi voz.

Figueroa	No viene: no se oyen sus pasos... Su vestido blanco no raya en las sombras del bosquecillo. (A los músicos con una seña.) ¡Silencio!
Clara (A la reja.)	¡Figueroa! ¡Ce!
Figueroa	¡Clara!

(Corre a la reja y quiere echarse a sus pies.)

Clara	¿Qué vas a hacer, amor mío?
Figueroa	¿Eres tú, mi Clara de quien ya me veía abandonado? Déjame besar tu mano y oprimir con ella mi corazón. ¡He padecido mucho en poco tiempo!
Clara	No sé lo que dices, Pedro, no entiendo tus palabras, aunque me siento conmovida con ellas. Acaba de romper la serenata. Me tienes a tu lado más cariñosa que nunca, y sin embargo parece que dudas de mí. Sí, amigo mío, te he oído cosas muy amargas: hablas de temores; ¿qué quiere decir eso? Responde.
Figueroa	¡Temores...! Siempre los he tenido, siempre han andado conmigo enlutando mis alegrías. ¿Y qué otra cosa pudiera prometerme, yo desdichado, tan lejos de ti por la fortuna que me condena a adorarte por hermosa y a respetarte por señora de mi país nativo? ¡Ah! ¿Por qué no valgo lo que tú vales?
Clara	Ese delirio me ultraja, Figueroa; ese injusto recelo desvanece mis ilusiones más queridas. Vienes a hablarme del rango y de las riquezas de que soy esclava, cuando yo acudo a buscar en tus labios la ternura de una

pasión. ¿Cuál es el poder de la fortuna para que pretenda separarnos? (Con intención.) Si es que tu llama se resfría, podré compadecerte, pero nunca...

Figueroa

No más, señora, no más; todo lo podéis conmigo, menos dudar de mi fe. Esa duda es mucho mayor que mi sufrimiento y que mi amor a la vida. Escucha, Clara, mil veces al indicarte este dolor secreto que me consume, y que preside a mis pensamientos, a todas mis vigilias, he sentido que ciertas palabras profanarían quizá la pureza de nuestro amor y mi lengua ha reusado pronunciarlas, pero hoy bien conocerás que mi pecho no podía aguardar ya tan funesto depósito. ¿Recuerdas el paseo de esta mañana?

Mendoza

(Algo separado de los músicos para escuchar a los amantes.) Alarmado está el galán: el caso no es para menos. Oigamos a la inocente, a la simplecilla educanda. ¡Qué candorosas son las niñas a los dieciocho años! ¡Mal rayo!

Músico I

¡Despacio va esto!

Músico II

¿No conoces al embozado que nos dio la orden?

Músico I

Ésta es la noche que viene acompañando a Figueroa. Será algún deudo suyo.

Músico II

Pregúntale Chamochín, si nos vamos a acostar que el fresquillo de la madrugada me está pasmando el cuerpo.

Músico I

¿Ce? ¿Caballero?

(A Mendoza.)

Mendoza	Sí, cantad, acabad la letra, pero suavemente. (Aparte.) Estos mamarrachos, si me descuido, lo echan a perder todo, si no me engaño han pronunciado mi nombre en la reja. (Se acerca.)
Música y canción	La flor más pura y galana que el abril fecundo adora al despuntar la aurora perfuma el primer albor: pero es mil veces más puro de tu boca el blando aliento si perfuma en torno el viento tierno suspiro de amor. Oye mi voz. Oye mi voz.
Figueroa	¿Qué es esto? ¿Quién viene?
Clara	Son los tuyos que vuelven a cantar. Déjalos, que estoy muy prendada del tono y del sentido de la trova.
Figueroa	¿Te sonríes, Clara, cuando tan atormentado me estás viendo?
Clara	¿Y por qué no, ídolo mío? Demasiado triste me ven todos los días. Me tienes muy enamorada para que lejos de tus ojos pueda alegrarme jamás. Cuando no te veo, ando pensativa en dulces imaginaciones de estar a tu lado, de envanecerme con tu gallardía; y porque se te ocurra turbar el paraíso que hay para mí en tu cariño, no tengo de sufrir yo la pena de tu desvarío. Te empeñas en no estar contento con mis caricias; no me importa,

26

yo estoy loca de júbilo en tu presencia, ¿No te parezco hermosa como otras veces?

Figueroa ¡Hermosa! ¡Ah, sí, más que nunca! Más hermosa que lo es en mi fantasía el ángel que te conduce a este sitio entre las sombras y los vapores de la noche. Pero tus bodas están concertadas con otro...

Clara Eso tú y yo lo sabemos, esposo mío. ¿Has olvidado el juramento? ¡Ah, Pedro! Vuelve a leerme en el fuego que ahora enciende mi semblante. Tengo mi mano sobre tu corazón, y no envidio a una reina coronada.

Mendoza (Aparte.) Esposos se han llamado. La fortuna es mi guía en esta ronda. ¡Ah! ¡Don Pedro Figueroa! Que esa palabra envenene tu aliento. ¡Te arrojas delante de mi camino...! Retírate en paz, porque si no, voto a los cielos, que me has de servir de alfombra.

Figueroa Sí, esposa mía, Mendoza debe de adorarte, porque te ha visto una vez ese hombre te desea, y el mundo a que perteneces te va a colocar en sus brazos, ¡Oh, infamia! Primero la muerte que consentir en mi mengua y en tu debilidad.

Clara Sosiégate, amado mío; calma tu frenesí, y aprende a estimar en más a la que se juzga digna de tu pasión. Soy mujer, es verdad, todo lo temo de mí flaqueza... Pero hay una cosa, una sola cosa en el universo de la que estoy segura, bien satisfecha. Del amor que te tengo, de ser tuya para siempre, nada me hace dudar. En llegando a este punto no titubeo ni un instante y advierte que cuando así te hablo pienso en peligros, en amenazas, en respetos, en seducciones de todo género,

27

en la honra misma y el decoro que se debe a una mujer de mi sangre, pero también cuento con mi resolución de pertenecerte y con mi libertad de ser dichosa. (Con afectación.) En cuanto al capitán de Flandes, no me pesará a fe mía verle rendido, que al fin triunfos como éste podrían guarnecer mucho la guirnalda de nuestro banquete nupcial.

Mendoza (Aparte.)   ¡Podrá equivocarse mi inocente prima, y se equivocará sin duda, vive Dios!

Figueroa   Adiós, señora: si bajo cualquier título pensáis en vuestro primo, no os podré mirar tranquilo hasta que mi espada borre su sombra, porque esa sombra llegaría a helarme la sangre en las venas. Adiós quedad que el tiempo vuela.

Clara   Se conoce que aún no has probado mi enojo, don Pedro, y te advierto que puede ser más severo de lo que imaginas. ¿Quién fue, caballero, quién fue la que os rogó por la mañana que asistieseis a esta reja? ¿Queréis decírmelo? Porque a mí, según entendéis, la visita del capitán debía tenerme un poco embelesada para pensar en otra cosa.

Figueroa   Clara, lo confieso, seré injusto contigo, así lo quiere mi desventura: pero es preciso que yo obedezca a la pasión que hierve dentro de mí, porque esa pasión así, caprichosa, ridícula, pueril, si tú quieres, es la que me eleva hasta la región en que tú habitas, y la que me ha hecho promesas en tu nombre. Yo no volveré a tu lado sin la confianza que necesito.

Mendoza (Aparte.)   ¡Diablo con el buen Figueroa!

Clara	No te vas, yo lo mando, yo te necesito por el bien de nuestro amor. Si ahora te apartas de mí, cuenta contigo solo desde este momento en adelante, supuesto que no contemplas sino tus gustos.
Mendoza (Aparte.)	No le deja marchar. ¿Será caridad hacia su primo o recelo por su amante? De todo tiene la viña. ¡Qué inocencia de criatura! ¡Es tan joven todavía! ¡¡Mentecatos!!
Figueroa	Acaba hermosa mía. Di lo que quieres exigir de mí. Pero tú tiemblas, se arrasan tus ojos en lágrimas: ¡Por tu vida que no aumentes mi desesperación!
Clara	¡Cruel! Extrañas mi quebranto y mi amargura cuando acabas de presentarme lo más horroroso del desengaño. Conque la pobre Clara no tiene imperio ni atractivo para detener algunos instantes al hombre que se llama suyo, y quieres que indiferente lo conozca y se resigne. Ahora sé que al hacerte dueño de mi alma no reservé para mí más que la pena de tu ingratitud.
Figueroa	Clara, perdona mis arrebatos: manifiesta tu voluntad, y verás hasta qué punto soy tu esclavo.
Clara	Oyeme, Figueroa. Nuestra situación es urgente y comprometida. Por no valer menos a tus ojos he podido privarme hasta hoy de todo el placer que más que tú he deseado. Sé que eres comedido y discreto, tengo confianza en tu amor y mucha fe en que nos salvaremos; pero es preciso que nos pongamos de acuerdo para tomar una resolución pronta y segura. La llave de esta reja está en mi Poder; una doncella enteramente mía nos espera en mi gabinete, dispuesta para cualquier aviso. Mi tutor duerme, la casa está en silencio...

29

Figueroa	Dentro de un instante me verás correr a tus brazos. Voy a alejar de estos lugares testigos inoportunos. ¡Oh, divina felicidad! Desde el fondo del infortunio veo los cielos abiertos. (Se dirige a los músicos.) ¡Eh! ¡Amigos!
Mendoza	¿Correrás a sus brazos? (Incorporándose al grupo.) Pero no has de llegar a ellos, no lo temas. (Requiriendo la espada.)
Figueroa	Tomad. Retiraos cantando. (Alargando un bolsillo) Y volved mañana, que ya viene el día.
Canción	

Adiós, mis dulces amores,
que envidiosa el alba fría
ya raya en oriente el día
por turbar nuestro placer:
Adiós, señora; mi alma
dejo al partirme contigo:
Amante triste maldigo,
aurora, tu rosicler.
Guárdame fe.
Guárdame fe.

(Vanse los músicos. Don Pedro los observa hasta que se entran por el tercer bastidor de la izquierda del espectador. Suena la llave en la reja, que se abre. Mendoza vuelve precipitadamente, y rebozado.)

Escena III

(Mendoza, Figueroa.)

Mendoza	¿Adónde vais caballero?

30

Clara	¡Ah, Dios mío! ¿Quién será?

(Cerrando sorprendida, observa.).

Figueroa	¿Y con qué derecho me pregunta el imprudente?
Mendoza (Con sorna.)	Soy amigo vuestro y bien nacido además.
Figueroa (Mete Mano.)	Defendeos, voto a mi nombre, si queréis morir como bueno.
Mendoza	No vengo a reñir, señor Figueroa, sino a representaros esta noche lo que se debe al honor de las damas principales, para que en amaneciendo podáis llamaros hidalgo. Para enamorado basta, señor don Pedro.
Figueroa	Acortar razones, cobarde, y sacad la espada (Hacia él), que ya no respondo de mi cólera.
Clara	¡Asesino! Corro a salvar su vida.

(Desaparece.)

Mendoza	¡Mi espada! Está bien ceñida. Os prometo que algún día os pesará verla desnuda.

(Se advierte movimiento en la casa de Claraóyese abrir algunas ventanas; poco después aparecen luces.)

Figueroa	Vil, embustero, defiéndete o te mato.
Mendoza	Insultáis a una capa que no quiere responderos, porque no es ésta la ocasión ni el sitio. Oíd: la calle se altera;

la marquesa ha despertado sin duda; doña Clara llama a sus criados, y por allá abajo gritan: ¡al asesino! Si queréis mediadores, fácil es aquí la pendencia. Yo sé llamaros por vuestro nombre: mañana nos veremos. ¡Abur!, que reflejan las luces y tengo muy mala cara.

(Vase.)

Figueroa   ¡Voy a seguirte hasta el cabo del mundo! ¡Clara! Mi corazón tiembla por ti, y es muy leal mi corazón.

(Vase.)

Escena IV

(Viejas, Conde y criados.)

(Algunos criados con armas y una linterna salen por la puerta de Clara, que está hacia el medio de la calle; el tutor, conde de Piedrahita, al balcón. Algunas mujeres viejas en sus ventanas.)

Vieja I   ¡Qué tal, las musiquitas! Si siempre lo estoy diciendo; no pueden traer nada bueno.

Vieja II   ¡Ay, qué susto, señora Estéfana! Vamos, no hay justicia; todo se vuelve pícaros por la noche. ¡Virgen santísima!

Vieja III   La culpa tienen más de cuatro moscas muertas, que parece que no han roto un plato en su vida.

Vieja I   Vaya, a que no asoman ahora. Estarán durmiendo como pajaritos. ¡Qué lástima...! Buenas noches, vecinas. ¡Válgate Dios!

Conde	Pronto, muchachos, acudid al ruido y detened a todo el mundo.

Un criado (Con Chuzo.) ¿Por dónde van esos perros?

Otro	Por aquí, por el callejón,

Todos	¡A ellos!

(Entranse por donde los otros fueron.)

(Cae el telón.)

Acto II

(Estrado de doña Clara.)

Escena I

Clara   Un sueño se me antojan los recuerdos de esta noche fatal, una espantosa pesadilla. ¿De dónde pudo salir aquella diabólica aparición? A nadie se encontró después... Un embozado de siniestra figura que llamaba por su nombre a Figueroa y se recreaba en su despecho. Quizá algún enemigo suyo; don Pedro debe presumirlo. ¡Pero tal vez dudará de mí! Si llegara a sospechar de la lealtad de su Clara, ¡Dios mío...! (Pausa.) Podría ser que Mendoza... la sequedad con que se vio tratado por mí en el paseo de ayer... hoy no he salido temiendo encontrarle. Pero es imposible. ¿Cómo en un día pudo conocer a don Pedro, sorprender un secreto como el nuestro y averiguar la hora, el sitio...? Otáñez no se separó de mí un instante. Otáñez es fiel además... ¡Maldito embozado! ¡Visión infernal! Alguien viene, que han franqueado la puerta de la I sala. (Mirando a la puerta.) Mi primo don Álvaro. Procuraré probar mi sospecha. Me repugna cada vez más este hombre.

Escena II

(Clara, Don Álvaro.)

Mendoza   Hermosa primita, buenos días.

Clara   Bienvenido, don Álvaro.

Mendoza	Madrugué por veros en los jardines, pero estaban, como faltábais vos, muy tristes esta mañana.
Clara	Pecáis de sobrado lisonjero.
Mendoza	No tal, Clara, no, por vida mía; por el contrario, a fuer de soldado suelo perder lo cortés por seguir la franqueza de mis sentimientos. Y contigo no sería por cierto...
Clara	Podéis sentaros, si gustáis.
Mendoza	Lo haré por obedeceros. (Aparte.) Tan adusta como siempre; si habrá llegado a presumir...
Clara	Decías, señor don Álvaro...
Mendoza	Decía, prima, que me pesa del desvío con que me tratas. Otra es la intimidad que se debe al deudo, si es que no medían ofensas o enemistades.
Clara	Perdonad, don Álvaro: yo os estimo como debo; pero mi genio, mi edad, mi falta de mundo, me impiden, a pesar mío, esa intimidad que yo no quisiera negaros... No sé por qué tengo reparo en... El tiempo, sin duda, y la frecuente correspondencia podrán...
Mendoza	Lo entiendo. Me contento con saber que no te es molesta mi presencia.
Clara	Jamás podría serlo.
Mendoza (Aparte.)	¡Los ojos son divinos! (Alto.) ¿Y podré yo saber si alguna incomodidad te ha privado de salir a dar ver- güenza a las flores y alegría a la luz de la mañana?

Clara	La noche ha sido inquieta para mí. No he podido gozar del sueño, y cuando descansaba en las ls horas de la madrugada, la casa se puso toda en movimiento; yo me sobresalté mucho con las voces y el ruido. Era una pendencia en la calle: decían que habían muerto a un hombre, y esta idea no me dejó ya sosegar.
Mendoza	¿Y efectivamente hubo una muerte?
Clara	No hemos podido saberlo. (Conmovida.) Nuestro tío el conde saltó de la cama y ordenó que los criados acudiesen al lance, pero volvieron sin haber encontrado a nadie, ni saber nada.
Mendoza	¡Vamos, más vale así! Sería algún encuentro de amartelados noveles. De esos que viven del escándalo buscando reputación de valientes. De todos modos, yo tengo la culpa de tu mala noche, porque en vez de recogerme temprano debí pasear la calle y guardar el sueño de mi hermosa prometida. ¿No es verdad, Clara? (Aparte.) Tentemos el vado, porque al fin hay que pasarlo.
Clara	Os doy mil gracias; sois demasiado galán.
Mendoza	Lo conozco; he andado muy grosero en el primer día de mi fortuna: no debía esperar tu licencia para cumplir con el deber de gentil enamorado. Créeme, la primer serenata es para una doncella un tesoro de ensueños y de ilusiones.
Clara	¿Acostumbráis a ese lenguaje con todas las mujeres, primo don Álvaro?

Mendoza	Tú debes saber la respuesta. Este lenguaje lo empleo con todas las que tienen tu belleza. Con las que tienen el fuego de tus ojos, Clara, con las que como tú se insinúan en el alma; pero desgraciadamente son muy pocas...
Clara	No deben ser pocas las de vuestro gusto, según creo. Lo que es en Flandes habréis dejado memoria entre las damas, como dicen que la dejáis entre los hombres de guerra.
Mendoza	Me favorecéis, prima mía, más de lo que yo merezco; pero es lo cierto que no sé qué instinto de felicidad me ha hecho guardar a toda costa la independencia de mi corazón, y ahora puedo rendirlo con orgullo a la mujer que adoro.
Clara	¿Conque adoráis realmente? No podía ser de otra manera.
Mendoza	¡Hace poco tiempo, hermosa mía!
Clara	Os entusiasmáis demasiado.
Mendoza (Aparte.)	Esta muchacha no ha oído en su vida a ningún hombre de mi temple. Lástima tengo al bueno del hidalguillo. (Alto.) Muy discreta eres, pero ya es excusado tanto detenimiento. Sabes el objeto de mi vuelta del ejército, conoces, además, el estado de mi alma, tus ojos se han encontrado con los míos; ¿qué resta, pues?
Clara	Ignoro lo que queréis decirme.

Mendoza	El conde, nuestro tío, te habló ayer de mi felicidad.
Clara (Aparte.)	¡Qué martirio! (Alto.) Mi tutor se complace a menudo en ocasionarme situaciones difíciles para mis pocos años. No creo que pretendiese dar valor a sus palabras; nada me había advertido de vuestra venida. Además, señor don Álvaro, que probablemente no estará en mi mano la felicidad que buscáis.
Mendoza (Aparte.)	Su turbación va en aumento. (Alto.) Te comprendo; tienes derecho a que mi adoración sea más explícita; tanto mejor, con eso gozaré más en declarártela.
Clara (Aparte.)	¡Si yo pudiera disuadirle!
Mendoza	Pues bien, Clara, yo no he hablado a ninguna mujer de amor en toda mi vida. Pero el tuyo me enciende, me abrasa...
Clara	Teneos, don Álvaro; yo soy joven aún, y no sabría amaros, ni apreciar lo que valéis. Vuestro lucimiento en el mundo y vuestra bizarría os suelen poner alas para alcanzar a una de las damas de la corte. Ni yo llegaría nunca a creer en vuestro amor.
Mendoza	Otra respuesta es la que debo esperar de ti, Clara. Si tus años son pocos, es tan grande tu hermosura que no es posible sino que en medio de tu recogimiento tengas algún empeño amoroso.
Clara	No me sonrojéis, capitán. No sé por qué creáis de mí...
Mendoza	¡Oh, es bien disculpable lo que yo creo! ¡Qué disculpable!, es absolutamente preciso. Lo único que yo

deseo es que medites un poco sobre lo que tú mereces y la vehemencia con que yo te amo. Si por acaso alguna intriga insignificante y pueril preocupa tu corazón, debo esperar que no se opondrá a nuestro enlace futuro.

Clara   Pero...

Mendoza   Perdona mi llaneza Clara. No sé fingir. Voy a dejarte en libertad para que reflexiones y decidas de mi suerte. El conde te hablará más despacio. Ya conoces la finura de mi cariño. Adiós, hermosa Clara.

Clara   El cielo os guarde, capitán.

Mendoza (Aparte.)   Hasta mi amor propio está interesado en echar ese hidalgo a paseo.

(Hace reverencia y vase.)

Escena III

Clara   ¡Qué tormento tan insoportable! Era imposible resolverme a un desprecio: todo debía temerlo de su altivez irritada. Tal vez en un momento favorable declarándole el empeño de mi alma, desistiría. ¿Quién sabe? Un soldado suele ser generoso... El no debió ser el embozado de anoche... Sin embargo, sus últimas palabras... El tiempo es precioso; voy a informarme de Figueroa; que me vea, que dirijamos juntos el rumbo de nuestros amores.

(Vase a sus habitaciones.)

Escena IV

(El Conde Piedrahita, el Padre Rafael.)

Conde

Os he rogado que me acompañéis para que con vuestra presencia y consejo diérais autoridad a la entrevista.

Padre Rafael

No me habéis dicho de qué se trata, señor conde.

Conde

Tenéis razón. ¡Qué cabeza la mía! Ayer asististeis a la presentación que hice de mi sobrino el capitán don Álvaro de Mendoza en el parque de palacio, y recordaréis que dije tenerle destinado para esposo de mi prima Clara, mi pupila.

Padre Rafael

Y tanto como me acuerdo. Pero ya sabéis también lo que algunas veces os he dicho. Clarita no ha nacido para el mundo.

Conde

Ésa es otra cosa que no podemos asegurar todavía. Ahora se trata de hablarla formalmente sobre el casamiento que conviene a su cuna y a su juventud. Esto es un deber que me incumbe por la tutela que ejerzo y por el lustre de la familia,

Padre Rafael

Enhorabuena, señor conde; en todas las condiciones de la vida se puede servir a Dios y abrazar la cruz. Espero, sin embargo, que respetaréis su vocación, si es como creo verdadera.

Conde

Conozco perfectamente lo que la conviene, y deseo su bien; ¿qué sabe ella? Estoy seguro de que hará mucho caso de mi experiencia y no tratará de replicarme, sino de cumplir con su deber como hija obediente. En otro caso no me faltarán conventos donde recluirla.

Padre Rafael   Podemos verla, si os parece.

Conde   Voy a llamarla.

(Toca una campanilla de mano.)

Escena V

(Una Doncella aparece. Dichos.)

Doncella   Señor...

Conde   ¡Hola! Avisad a doña Clara, que su tío la espera.

(La doncella, con una reverencia, se retira.)

Padre Rafael   Considerad, señor conde, que se trata de decidir toda la vida, y quizá de la salvación de una criatura.

Conde   Padre Rafael, sois un varón ejemplar; mas perdonadme si os digo que no comprendéis a las mujeres. No, sino dejadlas correr tras de sus gustos y veréis cómo se meten en trescientos berenjenales.

Escena VI

(El Conde, Padre Rafael, Clara.)

Clara (Entrando.)   Tío y señor, buenos días. Vengo a saber lo que tenéis que mandar a vuestra pupila. (Aparte.) Estoy temblando.

Conde	Saludad al padre Rafael, que me acompaña.
Clara (Al padre.)	Vuestra reverencia me dé a besar su mano.
(Besa la mano.)	
Conde	Con su licencia. (Tomando asiento e invitando.) Doña Clara. (Siéntase.) ¿Estáis descolorida?
Clara (Turbada.)	No sé..., conde.

Conde (Con intención.) Vamos, querida mía; yo sí lo sé y vengo a explicártelo.

Clara (Aparte.)	Si habrá llegado a su noticia...
Conde	¿Has vuelto a ver a don Álvaro?
Clara (Más inquieta.)	Vino a visitarme esta mañana.
Conde	¡Bien! Parece que el mozo no se descuida. Me alegro; con eso me ayuda a andar mi camino. ¿Y qué os parece, doña Clara? ¿Qué pensáis de vuestro primo?
Clara	Yo... (Aparte.) ¡No puedo reprimirme por más tiempo!
Conde	¡Eh! No acabaríamos nunca si esperase su respuesta. Escrúpulos... Melindres... Nimiedades. ¡Ea!, vengo a que señales el día de tu desposorio, y si andas con reparos en esto, yo mismo lo fijaré. (Quizá más a tu gusto.) El rey será padrino de la boda, por honrarnos; todo lo tengo dispuesto. Tendremos unos días alegres, y al lado de un caballero amante, noble y esforzado como tu primo,

jamás podrás tener queja de la fortuna. ¿Qué tal, inocente? ¿Ves cómo yo adivino tus pensamientos?

Clara

Pero, señor, yo sentiría disgustaros con mis palabras.

Conde

Cómo, cómo, ¿qué es eso de palabras?, ¿a qué os hacéis de rogar sobre el logro de vuestros deseos? (Aparte.) ¡Cada día más vergonzosa! ¡Pobrecilla! Un retrato de su madre en un todo.

Padre Rafael

(A Clara.) Podéis hablar con libertad, marquesa; consultad vuestro pecho, Y cuidado con engañaros a vos misma, que os ocupáis del lance más serio de la vida. Vais a pronunciar vuestra sentencia, y si al cumplirla la halláis áspera o insoportable, entonces no os quedará recurso humano, y vos sola tendréis la culpa de las miserias que os sobrevengan.

Conde

No me he atrevido a interrumpiros, padre Rafael; sin embargo, quisiera rogaros con un minuto de silencio hasta que mi Clara se explique. (Al Padre.) ¡Qué diantre! La vais a sobrecoger con vuestros sermones. Aunque no hubiera venido el buen religioso... A nadie se le ocurre... (A Clara.) ¿Qué ibas a decirnos, hija mía? Tranquilízate, no tengas reparo.

Clara

Tío y señor: venís a proponerme mis bodas con don Álvaro. Yo soy muy joven; no me atrevo aún a pronunciar mi elección; ahora no me siento con fuerzas para abrazar el matrimonio. Esto no es desobedecer, sino conocer que sería muy desgraciada si en este momento..., con mis pocos años, tuviera que separarme de vos... Y...

44

Conde	¿Eso dices, Clarita? ¿Hablas de veras? (Al Padre.) Ahí tenéis lo que son las contemplaciones. (A Clara.) Cuidado, Clara, con que sea otro el motivo de tu repugnancia. Cuidado con que yo sepa que abrigas en tu corazón ideas indignas de la clase a que perteneces. Mira, niña, que has de tener con el conde un inflexible enemigo de tus bajos pensamientos.
Clara (Aparte.)	¡Es imposible que yo le descubra mi corazón! (Se aflige.) Pero quiero salir de una vez de esta agonía.
Padre Rafael	No hay por qué afligirse, señora; tenéis tiempo para reflexionar. Yo os prometo mis auxilios. (Aparte.) Sería un cargo de conciencia el violentarla al matrimonio.
Clara	No os irritéis, señor conde, contra mí. Soy una infeliz huérfana. Estoy bajo vuestra tutela, cuento con vuestra bondad y con el cariño que desde pequeña me habéis mostrado. Vos no debéis formar un empeño en que yo acepte la mano del capitán Mendoza, mi primo; no lo habréis formado, sin duda. Pues bien; yo os aseguro que no soy culpable, que me creo digna de mi nobleza y de la vuestra, que jamás por mí se verán mezclados nuestros blasones.
Conde	Lo demás sería un crimen abominable que nunca obtendría mi perdón.
Clara	Pero, señor, yo no podré jamás enlazarme con el hombre que me proponéis, No sé, pero siento una oposición invencible a ese enlace. Conozco las prendas que brillan en don Álvaro, y como pariente suya me complazco en estimarlas; ¿pero qué queréis que yo haga con este horror secreto que en vano intento sofocar?

45

Conde	¡Que esto escuche de ti, desagradecida, ingrata, sin descargar el peso de mi justo enojo!
Padre Rafael	Señor conde, que os apasionáis demasiado. Reprimid la cólera: doña Clara es virtuosa y...
Conde (Bruscamente.)	¡Dejadme en paz! (A Clara.) ¿Acaso ignoras, temeraria niña que la mano del esposo que te ofrezco honraría a la doncella más ilustre de España, y aun de fuera de España? ¿Sabes tú por ventura la extensión del agravio que haces, irreflexiva? Los personales méritos de don Álvaro están a la vista; sus hechos gloriosos andan en lengua de todos, su carácter, su afabilidad, sus modales... No quiero cansarme. Mi palabra está dada; le he ofrecido tu mano; para aceptarla le he hecho venir de Flandes y abandonar sus adelantos; mi palabra se cumple, y tú la cumplirás.
Clara	Os ciega la ira señor. No os lastimáis de la situación amarga en que me hallo. Con lágrimas os lo suplico... Compadeceos de mí siquiera por el amor que siempre os tuve. Os he dicho la verdad.
Conde	Aparta, aparta: quítate de mi presencia; vete, vete donde yo no te vea, que si no... ¡Por nombre que haga un [castigo] ejemplar contigo!

(Lleva la mano a la daga.)

Padre Rafael	Deteneos, señor conde, en nombre del cielo.
Clara (Aparte.)	Os obedezco. ¡Dios mío! ¡Dios mío!

(Al retirarse Clara el Padre la detiene. El Conde pasea airado.)

Padre Rafael (A Clara.) Debéis llevarlo con resignación. Confiad en mí: yo leo en vuestra alma y conozco vuestros santos designios. La humildad hija mía, asiste siempre a las que aspiran a ser esposas de Jesucristo.

Clara ¡Padre Rafael, mi dolor es muy acerbo! (Sollozando.) ¡Dejadme al menos llorar...!

Padre Rafael ¡Inocente paloma! (Aparte.) Las piedras se enternecerían al mirarla.

Conde (Aparte.) ¡No lo hubiera creído en mi vida! Una víbora es lo que yo he criado en mi seno.

Padre Rafael Ya lo veis, señor.

Conde Si lo veo; gracias a vuestro celo inconsiderado... y al demonio...

Padre Rafael (Con solemnidad.) ¡No blasfeméis!

Conde (A Clara que está para salir.) Doña Clara, oye mi última resolución. Por el esmero paternal con que te he criado, quiero dar treguas al desagravio de mi autoridad, hasta mañana tienes de plazo para el arrepentimiento. De todo estás bien informada. Consulta con la soledad y conocerás tu extravío. Adiós.

Padre Rafael Adiós, señora: paciencia y abnegación.

Clara (Acompañándolos hasta la puerta.) El cielo os guarde y me defienda.

(Vanse.)

Escena VII

(Doña Clara, un momento suspensa, después a la puerta de la servidumbre.)

Clara
Un día solo nos resta. (Llama.) Otáñez ¡Hola! ¡Pronto! Yo no sé lo que me pasa.

Escena VIII

(Entra Otáñez con prisa.)

Otáñez
¿Qué mandáis, señora?

Clara
Sabes tú dónde vive don Pedro, ¿no es cierto? Creo que es muy cerca de aquí. Vas a llevarle ahora mismo una carta. Se la entregarás a él mismo. ¡Cuidado! Espérame aquí, voy a escribirla al instante.

(Vase.)

Otáñez
(Solo, y después Mendoza que entra sin ser visto.)Está visto, que Dios me hizo para andar siempre en tercerías.

Mendoza
He de averiguarlo todo, nadie me ha visto entrar. (Coge de un brazo a Otáñez.)

Otáñez
¡Dios mío! ¡Favor!

Mendoza
¡Silencio o mueres, escoge entre este bolsillo o perder la vida! Tú diste ayer en el Retiro un recado a don Pedro de Figueroa. ¿A dónde vas ahora? Le llevas algún nuevo

mensaje sin duda. Tú hablabas de él. Respóndeme de verdad y te premiaré bien; si no... te mato.

Otáñez

sois muy ejecutivo... Acepto el bolsillo. (Aparte.) Estoy temblando

Mendoza

Despáchate pronto que viene.

Otáñez (Aparte.)

No hay sino cantar claro. (Alto.) Mi señorita va a salir, yo espero una carta que envía a don Pedro.

Mendoza

Está bien; basta, ve y cumple tu comisión; cuidado que digas que me has visto aquí.

Otáñez

No hay cuidado.

Mendoza

Ella viene. ¡Silencio!

(Vase por la puerta por donde entró.)

Otáñez

¡Santos cielos! No vuelvo en mí... Pero, en fin, serviré al que más paga; guardemos el bolsillo.

Escena IX

(Otáñez, Clara.)

Clara

Esta es la carta; ve volando y dile que venga al momento, que venga contigo; y hazle entrar sin que nadie le vea, que aquí aguardo. Sí, es menester tomar una resolución. Figueroa es mío y ha de ser mío, aunque todo el mundo se oponga. Sí, es preciso que yo le vea. No hay medio entre ser suya o morir.

Escena X

(Mendoza, Clara.)

Mendoza

Perdonad, doña Clara, si abuso tal vez del privilegio de primo y de novio para volver a verte y entrar hasta aquí sin hacerme anunciar.

Clara (Aparte.)

¡Dios mío! Este hombre es una maldición que ha caído sobre mí. (Alto.) Cierto, señor don Álvaro, que a entrar así en la habitación de una dama no creo que haya parentesco, por estrecho que sea, que autorice, y...

Mendoza

Y si no fuera, váis a decir, por lo mucho que me estimáis y no tener vos nada que ocultar de mí, os enojaríais sin duda conmigo. Lo sé, doña Clara, y si no hubiera confiado en el aprecio que os debo, los vínculos de sangre que nos ligan no me hubieran dado ánimo por sí solos para penetrar en tan sagrado recinto.

Clara (Aparte.)

¡Y él va a venir de un momento a otro! (Sofocada.) No hay recurso, es forzoso romper de una vez. (Alto.) Caballero... Las damas tenemos nuestros secretos, y... es una imprudencia...

Mendoza

Vengo tan cansado... (Con mucha calma.) Con tu permiso, querida prima. (Se sienta.) ¿En tu edad, cuáles pueden ser tus secretos? No hay que enojarse conmigo. Vamos, ni ponerme mala cara por esto. Apuesto a que el escudero que acaba de salir te traerá algún regalo para nuestra boda con que tú querías quizá sorprenderme. ¿No es ese el secreto, Clara?

(Con intención.)

Clara	(Fingiendo una sonrisa.) Veamos si vale la astucia. (Alto.) Sí, pero... ¿Por qué lo habéis acertado? Es verdad, primo mío, yo quería sorprendente. Anda, vete, luego te lo enseñaré, ¿por qué me has de quitar ese gusto?
Mendoza (Aparte.)	La niña es una sirena. (Alto.) ¡Inocentilla! ¿Y por qué me has de quitar tú el gusto de sorprender tu secreto?
Clara (Aparte.)	¡Pero... cielos, no se va! (Alto.) Si no os váis, don Álvaro, me iré yo.
Mendoza	Tampoco he de permitir eso; quiero que juntos examinemos el regalo que me tenías preparado y que ha de traer tu escudero.
Clara	Señor don Álvaro, soy una niña; pero la sangre que hierve en mi corazón no consiente ultrajes de nadie. Os declaro terminantemente que quiero que os vayáis de aquí, que no quiero que estéis aquí y que no estaréis aquí ni un minuto más. ¿No os váis? ¿Y permanecéis sentado en esa silla sonriéndome y burlándoos de mí porque soy mujer, porque soy débil, porque no tengo más armas que mis lágrimas? Don Álvaro, llamaré a mis criados, contaré a mi tutor que habéis venido a ultrajarme, y os haré echar de aquí como merecéis.
Mendoza (Con calma.)	Y yo; doña Clara. Llamaré también a vuestros criados. Llamaré también a vuestro tutor y delante de él y de todo el mundo haré ver que la niña criada en un convento, inocente, sencilla, pura y que no gusta de saraos ni paseos, que se complace en la soledad, que vive entregada a sus devociones y que aún conserva todo

el candor y toda la simplicidad de la I infancia (Con acritud.) es una mujer sin honor que se ha entregado a un hombre ilegítimamente.

Clara   ¡Mentís!

Mendoza   Que ayer le dio en el Retiro una cita, que anoche recibió música de él, y le ofreció darle entrada hasta su aposento mismo, para lo cual don Pedro Figueroa, que así se llama ese hombre, hizo retirar la música. Y en verdad que a no haber sido por un importuno que vino a disipar intempestivamente con su presencia las dulces ilusiones del honrado hidalgo, este templo del secreto, esta habitación respetable de la inocente doña Clara, hubiera contado con un huésped más, mientras ella abusaba del sueño y de la confianza de su tutor.

Clara   ¡Basta! Sois un infame. Vos sí que abusáis de que soy mujer; no quiero oíros más tiempo.

(Va a irse y Mendoza la detiene de un brazo con fuerza.)

Mendoza   No, Clara, tendría aún más que decir si llamárais gente, y tengo que decíroslo todo a vos para evitaros esa vergüenza. No quiero quitaros públicamente la honra ya que vos tan poco habéis mirado por ella en secreto. Ni penséis que me engaña esa cólera que aparentáis y ese deseo de no oírme. Conozco cuál es vuestra intención.

Clara   Don Álvaro, por favor, dejadme. ¿Qué queréis exigir de mí?

Mendoza   El escudero que acaba de salir de aquí lleva una carta tuya, inocente prima. No temáis, la carta sigue su destino y Figueroa la recibirá y cumplirá con la exactitud que acostumbra la cita que en ella le dáis. No, una cosa es que yo averigüe lo que hacéis y otra es que yo estorbe de ninguna manera... La cita se cumplirá y don Pedro Figueroa no debe tardar en venir. Yo también le estoy esperando...

Clara Añadís el sarcasmo al insulto, pero os engañáis mucho si creéis sacar de mí mejor partido de esa manera. Ya que lo sabéis todo, os digo que es cierto que amo a don Pedro de Figueroa, que le amo con todo mi corazón, que él es el alma de mi alma, la vida de mi existencia, que no amaré nunca a nadie sino a él, y que ha de llamarme suya a despecho de todo el mundo. Si me obligáis a decirlo en público lo diré, porque mi amor por él es puro y no me costará vergüenza publicarlo. Esta mañana, cuando me hablasteis, estuve por decíroslo, y a fe que hice mal en no hablaros con claridad. Primo mío, vos no me amáis, yo tampoco a vos, pues hace dos días que nos conocemos, renunciad a vuestras pretensiones conmigo, proteged mi amor, y yo os estimaré y os lo agradeceré toda mi vida, y os deberé mi dicha, mi único bien, mi única felicidad. Sí, os lo suplico de rodillas, renunciad a mí; hay otras en el mundo mil veces más hermosas que yo; ellas os amarán tiernamente, ellas se tendrán por felices enlazando a vuestra suerte la suya. Tened piedad, don Álvaro. Vuestra prima os pide este favor por lo que más amáis en el mundo.

Mendoza Alzaos, doña Clara, del suelo. ¡Vive Dios que estáis loca y que le amáis de veras...! Y a fe que es digno de vuestro linaje entregaros a un hidalguillo de mala muerte.

Clara (Llora.)	¿No os enternecen mis lágrimas?
Mendoza	No, Clara; cada lágrima que derraman por ese hombre tus ojos, cae sobre mi corazón y aumenta el mar de cólera. Y aborrezco a ese hombre, y a ti te amo: nunca renunciaré a tu mano. En este mundo todos buscamos nuestro bienestar, nuestra felicidad. La tuya dices que consiste en ese hombre: la mía yo sé de fijo que consiste en ti; te tengo en mi poder, y sería yo muy necio si por hacer a otro dichoso me condenara a ser desgraciado para siempre.
Clara	¡Hombre malvado! Dignas son tus palabras de la perversidad de tu corazón. Tú dices que no quieres renunciar a mí... pues, bien; yo te detesto, abomino de ti y todo lo preferiré a ser tuya. ¿Y para qué necesito yo que tú cedas de tus pretensiones? ¿No soy yo libre? Yo me vengaré de ti, sí, tú me verás en brazos de ese hombre que aborreces y que yo adoro, tú nos verás juntos y dichosos y tu tormento será el del condenado que en el infierno imagina la gloria del paraíso.
Mendoza	Pero tú no has pensado que desde aquí hasta ese paraíso de que tú hablas hay un camino que andar. Tú no has pensado en las malezas, en las escabrosidades, en los peligros que hay que vencer. Tú te has olvidado que estoy yo aquí, que don Pedro de Figueroa, el dichoso, va a llegar de un momento a otro y que cuando me vea aquí solo y mano a mano contigo, sospechará de ti, que yo aumentaré sus sospechas con mis palabras, y que si es hombre de honor, te abandonará; porque no querrá ser el esposo de la mujer que entretiene dos galanes a un mismo tiempo. Tú no has pensado...

54

Clara	¡El me creerá a mí y no hará caso de tus mentiras!
Mendoza	Te engañas: la duda quedará eternamente royendo el corazón de ese hombre; y la duda, Clara, basta para que nunca podáis ser dichosos. Ni él dará tampoco su mano a una mujer cuya opinión esté en dudas.
Clara	El sabe que yo le amo y nunca podrá dudar de mi fe. Yo le contaré lo que ha sucedido, le haré ver tu infamia, y él no amará menos a su Clara a despecho de todas tus trazas y tus mentiras.
Mendoza	Pero don Pedro es hombre y yo llevo una espada que, cuando no crea en mis palabras, le hará no dudar de mis hechos.
Clara	¡Dios mío! ¡Intentáis asesinarle!
Mendoza	Siento ruido y es él, sin duda; sosiégate, acércate, Clara. Si no, me acercaré yo a ti y es lo mismo.

(Se pone dando la espalda a la puerta delante de ella de modo que parece que la habla amorosamente. Clara hace un esfuerzo para arrancar de él la mano que la habrá tomado y en este instante entra Figueroa.)

Escena XI

(Dichos, don Pedro de Figueroa.)

Clara	¡Soltad! ¡Sois un villano!
Mendoza (Afectuoso.)	¡Ídolo mío!

Figueroa	(Pone mano al puño de la espada.) ¡Cielos! ¡Qué veo! ¡Es él! ¡Traidor!
Mendoza	¿Quién va?
Clara	(Corriendo al lado de don Pedro.) ¡Don Pedro, favorecedme!

Mendoza (Con calma.) ¿Y de quién os ha de favorecer don Pedro? ¿De mí que os amo, y a quien acabáis de prometer vuestra fe? Pardiez que habéis perdido el juicio, doña Clara. ¿O es acaso por disimular?

Figueroa (Furioso.)   Mentís, mentís como un mal caballero que sois.

Clara   (Acogiéndose a don Pedro.) No le creáis, no le creáis, yo no amo sino a vos. Él es el que me persigue, el que ha jurado mi perdición.

Mendoza   Señor don Pedro de Figueroa, refrenad la ira, porque temo que la cólera os va a ahogar. Mi señora, la marquesa, está destinada a ser mi esposa, y en verdad que me extraña ahora su comportamiento. Debéis creer que soy hombre de honor y que si algunos favores hubiera merecido de ella, no habrían sido arrancados con violencia. Además, quisiera saber qué viento os ha traído aquí, y quién os ha dado vela en este entierro, porque ni como deudo ni como amigo de la casa os conozco.

Figueroa (Refrenándose.) Señor don Álvaro, tenéis razón. Desearía responderos a las preguntas que me hacéis y para eso, si os parece, podemos ir a continuar la conversación a otra parte.

Clara	(Muy agitada, a Mendoza.) No, don Álvaro, no, tened compasión de mí; don Pedro, si me amáis, si me creéis... (Aparte.) ¡Le va a matar!
Mendoza	No temáis, doña Clara. No pienso salir de aquí por ahora y quiero que seáis testigo de esta interesante conversación. Señor don Pedro, para hablar es necedad ir a otra parte y conviene además que doña Clara entienda de lo que tratamos.
Figueroa	Salid, o por Santiago... que es propio de un villano insultar a una mujer de ese modo.
Mendoza	¡Sangre fría, señor don Pedro! Os aseguro que si hubiérais corrido los temporales que yo en mi vida, habríais echado más calma. Cuando se está seguro del brazo y de la espada, se deben esperar con sangre fría los sucesos: además, a mí me divierte, os lo confieso, vuestra rabia y la angustia de mi pobre prima, que tanto teme por vos.
Figueroa	Dad gracias a ella, que si no ya os hubiera atravesado aquí mismo.
Clara	¡Dios mío! ¡Mi vista se desvanece, yo necesito aire, no puedo respirar apenas! ¡Favor! ¡Yo muero!

(Cae desmayada en una silla.)

Mendoza	(Va a acercarse Figueroa a ella.) Alto allá, don Pedro, bien está así, no tenéis para qué llegaros a ella. (Deteniéndole.) Haced cuenta que ésta es la última vez que la véis y que yo os lo prohibo en adelante.

Figueroa	Salid, salid, que ya no puedo refrenar más tiempo mi ira. ¡Salid, salid!
Mendoza	Miradla, miradla otra vez; quiero que la veáis despacio esta vez. ¿No es verdad que está hermosa? Vamos, y despedíos para siempre de ella.
Figueroa	(Con violencia.) No la habéis de ultrajar otra vez, os juro. Sí, vamos.

(Vanse.)

(Cae el telón.)

Acto III

Cuadro I

(Antecámara de audiencias en el palacio del Buen Retiro.)

Escena I

(El Conde de Piedrahita. Varios señores de la corte. Después Mendoza.)

Conde   Buenos días, nobles señores.

(Saliendo de la cámara real.)

Cortesano I   Su Majestad va a aparecer de un momento a otro en la Audiencia. Está ocupado con los últimos despachos llegados de Alemania.

Cortesano II   ¿Tenemos buenas nuevas, señor camarero? ¿Cómo van por allá las armas?

Conde   Como por todas partes, caballeros. Tilly acaba de darnos un nuevo día de gloria. No sé pormenores; pero los rebeldes quedan mordiendo la tierra.

Cortesano II   Las entrañas habían de morderse aquellos perros rabiosos. Diera la mitad de mi vida por arrojar con mis manos a los infiernos al hereje de Brunswick.

Conde   Cualquiera os creería vengativo, según lo arrebatado que sois, don Ponce.

Ponce   La sangre se me enciende cada vez que recuerdo las atrocidades de ese monstruo.

Conde	Amainad la ira, que Dios venga sus injurias. (Pasando a otro corro.) No quedarán los rebeldes sin castigo. (A los otros.) Salud, gentileshombres. ¿Qué se dice del nuevo gobierno? ¿Qué voces corren en el pueblo?
Caballero I	Alabanzas nada más, y mutuos parabienes. Todos maldicen la pasada administración de Lerma y Uceda y esperan que no quedará en los cargos públicos ninguno de sus ahijados.

(Óyense los del primer corrillo.)

Cortesano I	No señor; no se debía dar cuartel a ningún condenado de esos.
Cortesano II	Creedme, señores, la tregua con los de Holanda fue de muy mal ejemplo.
Cortesano I	Siempre estuve por la guerra, contra el dictamen del cardenal ministro; por eso cabalmente tuve que salir de la corte.
Conde	Pero es menester conocer a Brunswick. Es el hombre más malo de la tierra. ¡Si eso estremece! ¡Un obispo que se titula enemigo de los sacerdotes...!
Cortesano I	Sí, y amigo de Dios.
Cortesano II	Con mayor impiedad y escándalo que los mismos herejes se dice que profana los templos, roba los vasos sagrados, escarnece a los santos en sus altares...

Ponce	O si no lo de Munster cuando llenó de insultos y blasfemias a los doce apóstoles de la catedral, enviándolos después a la casa de la moneda para saciar con la plata su avaricia.
Cortesano II	¡Qué atrocidad!

(Óyense los del II corro.)

Caballero I	El manifiesto del conde duque de Olivares tiene muy satisfechos todos los ánimos.
Conde	Es el conde duque gran político y muy amante del bien público.
Caballero II	Es el primer estadista del siglo y el mayor que ha gobernado a España.
Conde	Ahora se preparan reformas muy importantes. Inmensos caudales entran en el tesoro. Habrá conquistas por todas partes. Las flotas de las Indias llegarán seguras a nuestros puertos, y el reinado de Felipe el Grande será eterno en la memoria de los hombres.

(Varios pasean.)

Pacheco (A Robleda.) Muy callado estáis, alférez Robleda.

Robleda	Adiós, señor Pacheco. No había reparado en vos. Ando en mis pretensiones, y si duran os juro... que he de reventar de cólera el mejor día.
Pacheco	¡Cómo es eso! ¿Os han hecho injusticia o no encontráis valedores?

Robleda   Ni yo sé lo que me sucede. La verdad es que el aire de estas antecámaras no aprovecha para mis pulmones. Voto al Sol de julio, que a un soldado no debían traerle jamás a la sombra de estas bóvedas. Por ahí todo se vuelven batallas y tajos y reveses, marchas, bombardeos y redobles, mientras que yo... ¡voto va!...

(Óyense los del II corro.)

Conde   ¿Lo de nuestras naves...? Todo se confirma a medida del deseo. Ribera desbarató la escuadra argelina, la de los turcos sucumbió cerca de la Goleta a manos del almirante de Sicilia, y Guillermo de Nassau ha caído por la mar sobre Amberes.

Caballero IV   ¡Es un prodigio el conde duque!

(Mendoza entra.)

Pacheco (A Robleda.) Perdonad, alférez. (Sale al encuentro de Mendoza.) ¿A dónde bueno tan de prisa, don Álvaro?

Mendoza   ¿Has visto a mi tío?

Pacheco   Allí le tienes. ¿Pero no me dices nada? ¿En qué paró lo de la serenata?

Mendoza   Chico, estoy de prisa; déjame. No hay cosa particular.

Pacheco   Poco a poco, amigo Mendoza; no me vengas con misterios. ¿A dónde ibas ayer tan tarde con Figueroa? Mira que ya se habla de un duelo y no tendría gracia que te hicieran andar a sombra de tejado.

62

Mendoza	¿Se habla de un duelo? Pero, cómo, ¿qué se dice?
Pacheco	Desde luego presumí lo que podía ser ello y he procurado desmentir la noticia... A ver, sepamos qué ha habido.
Mendoza	¡Qué había de haber! Lo de costumbre; ya me conoces; salimos al campo, y allí se quedó...
Pacheco	¿Pero le viste morir?
Mendoza	Para el caso es lo mismo. No le habrá costado mucho trabajo el morirse, porque lo atravesé de parte a parte.
Pacheco	¡Chist...! Bajad la voz.
Mendoza	No hay cuidado. Están charlando todos.

(Óyense los del primer corro.)

Cortesano I	Si ha de embarcarse la infanta doña María, tendrán que irse antes de que pase el buen tiempo.
Cortesano II	Es buen mozo el príncipe inglés; pero no me parece a mí cosa buena.
Ponce	Si viérais cómo entiendo yo que... me atrevería a apostar a que no se casa con la infanta.
Cortesano II	¡Qué se yo...! Él está muy enamorado, todos los días viene al cuarto del rey, donde se le hacen mil distinciones...

Cortesano I	Pues ahí está el negocio; en que tenga que volverse como vino, y dar las gracias encima.

(Óyese a Mendoza y a Pacheco.)

Pacheco	Con que ¿ella sabe la muerte de su amante?
Mendoza	Me importaba que la supiera.
Pacheco	Pero... ¿y si vive?
Mendoza	Milagro será.
Pacheco	Bien, pero bueno es ponerse en lo peor.
Mendoza	De mi cuenta corre el que jamás se comuniquen.
Pacheco	Cuidado con lo que se hace.
Mendoza	Cuento contigo de veras.
Pacheco	Pues que nos veamos.
Mendoza	Dentro de una hora. En casa de las Carvajalas, como anoche.
Pacheco	Adiós.

(Vase.)

Mendoza (Dirigiéndose al corro donde está su tío.) Buenos días, señores.

Conde	Bienvenido, don Álvaro. (Hácenle una reverencia.)

Mendoza (Al Conde.)   Deseo hablaros brevemente.

Conde   Con vuestra licencia, caballeros.

(Se pasean.)

Caballero I   (A los demás.) Sobrino suyo y capitán de caballos.

Mendoza   Perdonad, señor, mi impaciencia, que ya conocéis lo
                      natural que es en mí. Ayer me prometisteis la resolución
                      de mi prima en favor mío. ¿Podré saber...?

Conde   No dudo que ya se haya resuelto a recibir tu mano. Pero
                      la asistencia a la corte no me ha permitido hasta ahora
                      oírlo de su boca.

Mendoza   Y ¿no creéis que no manifieste oposición alguna?

Conde (Aparte.)   El pobre capitán sospecha, sin duda... (Alto.) ¿Y a qué
                      había de oponerse mediando yo y tu bizarría?

Mendoza   Tío, sois demasiado bueno y nada receláis de Clara;
                      pero...

Conde   Di, sin detenerte.

Mendoza   Con mis ojos he visto que ella pertenece a otro hombre,
                      y por él atropella su honra y desprecia su sangre.

Conde   ¡Habráse visto iniquidad semejante! ¿Y son éstos los
                      motivos secretos de su porfía...? Sí, lo creo, de esa...

(Abrense las puertas de la cámara.)

Escena II

(El Rey, Clara, el Conde de Piedrahita, Mendoza; el Conde Duque de Olivares, y otros señores.)

Un Paje   ¡El rey! ¡El rey! ¡Plaza! ¡Plaza!

(El Rey, joven, acompañado del conde duque. Todos les hacen reverencias; algunos entregan sus memoriales al Rey, quien los remite al favorito. Otros se retiran a la voz del Rey.)

Rey (A todos.)   ¡Hola, conde Piedrahita! ¡Hola, don Ponce! Caballeros, os saludo. (Al conde duque, dándole memoriales.) Tomad, don Gaspar de Guzmán; me informaréis de las súplicas; no quiero haceros agravio recomendándoos la justicia.

Olivares   Vuestra Majestad conoce mi celo por el bien público, y sabe honrarle como quien es.

Rey   Mucho os debe mi corona, conde duque.

Olivares   Yo espero, señor, que algún día...

Rey (Volviéndose a los señores jóvenes.) Ahora bien, amigos, ¿cómo estamos de galanteos en estos días de primavera? ¿Qué tal, marqués, contáis muchas conquistas en la última semana?

Caballero I   Señor, donde vuestra majestad guerrea no puede haber sino triunfos y gloria.

Rey   Cuidado, no os cuesten caras esas victorias, pues a lo que yo entiendo, la hermosa doña Mencía no debe de ser tan sufrida como enamorada.

Uno   ¡Pardiez, que tiene noticias de todo!

(Siguen hablando, y el Rey muy risueño. Oyese al Conde y Don Álvaro.)

Mendoza (Como sofocado.) Es una mengua, señor, y jamás podré yo con-
                  sentir...

Conde   Descuidad, don Álvaro, que yo soy el ofendido; y os
                  aseguro por mi nombre que ha de pesarla de su desen-
                  voltura... Venid, sobrino, a cumplimentar al ministro...

(Se dirigen al de Olivares.)

Olivares   Aún no os he hablado esta mañana, conde amigo.

Conde   Permitid que el señor don Álvaro de Mendoza, mi
                  sobrino, os dé gracias por las mercedes recibidas.

Olivares   No son mercedes, sino las que pienso por vuestra
                  mediación hacerle en adelante.

Mendoza   Vuestra excelencia me tiene muy obligado, y mi lealtad...

Rey (Volviéndose con gran risa.) Atiende, conde duque.

Olivares (Acudiendo.) Señor...

Rey (Con liviana curiosidad.) ¿Con quién estábais hablando?

Olivares (Al Conde.) Conde de Piedrahita, su majestad pregunta por vuestro
                  sobrino.

Conde (Presentándole.) Concededrne, señor, el honor de ponerle a vuestros augustos pies.

Mendoza (De hinojos.) Nunca he sido, señor, tan dichoso como en este momento, que mi gratitud no olvidará jamás.

Rey (Que ha oído al ministro en secreto.) Alzad del suelo, capitán; venid a mis brazos, que sé de vuestro valor y nobleza, y deseo honraros mucho.

(Le abraza. Mendoza se retira un poco por respeto.)

Uno   ¿Qué tal, amigos? Me parece que el recién venido no malgasta el tiempo.

Otro   El rey es del conde duque, y Olivares de Piedrahita.

Otro   ¡Siempre lo mismo en palacio!

(Entra un Ujier.)

Ujier (Al Rey.)   Señor... Una dama encubierta pide audiencia.

Rey (Al de Olivares.) ¡Una dama!

Olivares   Haré despejar la cámara. (Hace señas, todos se retiran menos el Conde y Mendoza.)

Rey (Al Ujier.)   Dejadla entrar... (Aparte.) ¿Quién podrá ser esta tapada? (Vase el Ujier.)

(Entra Clara en desorden y sollozando.)

Clara (Corriendo a los pies del Rey.) ¡Señor, señor! ¡Justicia, venganza contra un asesino feroz!

Rey (Con extrañeza.) Levantad, señora. ¿Quién sois? ¿De qué os quejáis? ¿Qué queréis de mi justicia...?

Mendoza (Al Conde.) ¡Ella es...! ¡Qué atrevimiento! Soy perdido. Señor conde, ¿la conocéis?

Conde ¡Cielos! ¡Mi pupila! ¡Imprudente...! ¿Qué es lo que viene a buscar aquí? (Va hacia ella, Mendoza le detiene.)

Mendoza Oídme, señor, oídrne; necesito decíroslo todo.

(Hablan con azoramiento.)

Clara (Sin levantarse.) ¿Qué, no me conocéis? Yo soy la marquesa de Palma, la infeliz doña Clara de Toledo, en mal instante nacida. No tengo ni un apoyo en la tierra, yo conjuro todo vuestro poder, rey de España, invoco vuestra justicia, para tomar estrecha cuenta de su muerte a la furia infernal que la cometió. Acabo de saberlo. Señor, ayer mismo... ¡Día de maldición! Aún su pecho no está frío, y su sangre generosa brota por las anchas heridas... ¡monstruo execrable! ¡El mismo infierno se horrorizaría de tu crimen!

Rey Pero, señora, no os entiendo; calmad esa agitación que os abraza. Alzaos... el rey os escucha: podéis estar segura de alcanzar justicia.

Conde (Con ira a Mendoza.) ¡Vil seductor! Bien hecho. ¡Yo le hubiera arrancado las entrañas!

(Siguen hablando.)

Clara

(Levantando los ojos.) ¿Segura decís...? Pues bien, entonces, ¿a qué tarda en caer sobre el culpable la cuchilla? Nadie me arrancará de vuestros pies hasta comunicaros un rayo siquiera del fuego vengador que me devora. (Con ternura.) ¡Figueroa, amor mío, lumbre de mis ojos! ¡Robado para siempre a mi cariño! ¡Tú me estás mirando, sin duda, aquí, de rodillas, llorando tu muerte y maldiciendo a tu asesino!

Rey

Su dolor me enternece, ¡tan joven y con tanta amargura...! Señora, recobraos, volved en vos por vuestra vida.

Clara

¡Mi vida! ¿Y qué importa mi vida si no me sirve para vengarle? Sí, mi don Pedro, tú me escuchas ahora, tú te levantaste del ensangrentado terreno en que yacías para seguir silencioso mis pasos, invisible y airado. ¡Esposo malogrado! Yo juro ser fiel a tu ofensa, como lo fui al cariño que me tuviste. Gran rey, yo te pido la cabeza de un traidor, como precio mezquino de una sangre generosa.

Rey

Reveladme al menos el nombre de ese homicida.

Clara

¡Su nombre! ¿Qué, no os le he dicho ya? Ah, ¿queréis saber quién es para arrojarle al verdugo...? ¡Oh, placer inexplicable!... Oíd, oíd, voy a deciros su nombre.

Mendoza (Inquieto.)

El rey está conmovido, ella va a designarme a la indignación de su pecho.

Conde

Serenidad, sobrino, que yo respondo de vos.

Clara (Con altivez.)   Es don Álvaro de Mendoza, el capitán, mi primo...

Conde   ¡Mientes, mujer infame y desenvuelta...!

Rey   Señor Conde, reparad que estoy yo aquí.

(A la voz del Conde levanta Clara la cabeza y conoce a Mendoza; álzase del suelo y huye horrorizada al lado del Rey, señalando.)

Clara   ¡Tú también aquí, demonio del averno! Vienes a manchar el altar de la justicia; quieres cercarte en mi desesperación y escarnecerla con una carcajada diabólica. No... tiembla; tiembla por ti, malvado, porque dentro de poco vas a comparecer delante de Dios y de tu víctima.

Mendoza   Esta mujer está endemoniada. (Aparte.) No puedo mirarla frente a frente.

Clara (Al Rey.)   Ahí le tenéis, señor, delante de vos; ese es don Álvaro, miradle. Con esa espada atravesó el pecho de don Pedro de Figueroa. Yo os lo digo, señor, yo le acuso solemnemente de matador aleve y respondo con mi cabeza.

Mendoza   (Con calma afectada.) No hagáis caso, señor; mi prima, doña Clara, está loca; sin disputa que ha perdido la cabeza.

Rey (Severo.)   Capitán, esperad en adelante mi licencia para hablar donde está el rey.

Clara   Señor, permitid que yo no me aparte más de vuestro lado. Yo soy huérfana, sola en la tierra, sin más atención en el mundo que la de recordaros a cada hora un crimen horrendo.

(Llora.)

Rey
Basta, doña Clara. Don Álvaro, quiero saber vuestra respuesta a la acusación que acabáis de oír.

Mendoza
Todo es falso, señor.

Clara
¡Falso! ¡Falso! ¡El cielo te confunda! No le escuchéis, señor, no le escuchéis.

Rey
Conde duque, os encargo muy particularmente este asunto. Tened entendido que esta dama queda desde ahora bajo mi inmediata protección. Que don Álvaro sea guardado en una torre hasta que yo decida otra cosa. ¿Me habéis entendido? Ahora, acompañad a la marquesa y ejecutad mi voluntad.

Clara
¡Dios mío! ¡Dios mío! No permitáis que ese monstruo quede impune.

(El Rey vase retirando.)

Olivares
¡Guardias! (Aparecen.) Rendid la espada, caballero.

(La rinde. Le conducen. Olivares va a acompañar a Clara.)

Conde
¡Mujer deshonrada! ¡Con lágrimas de sangre has de llorar de ignominia!

Cuadro II

(Una sala en casa de doña Clara.)

Escena I

Clara (Enlutada.) ¿Y el rey no le ha sentenciado a morir? Y el infame vive y respira, y ve la luz del Sol; ¡y tú, ídolo de mi vida, yerto, inmóvil para siempre! ¡Oh, es insufrible! Mi corazón se despedaza de dolor. ¿Y yo vivo aún? ¡Ah! ¡Don Pedro! Sí, yo vivo; sí, yo vivo; sí, para vengarte. Todo el frenesí de tu amor, el delirio con que te adoraba, es leve y frívolo sentimiento comparado con la pasión de venganza que me devora. Pasión volcánica. Pasión que alimenta mi vida, que aún me regala con esperanzas, que enciende mi alma en inapagable sed de la sangre de tu asesino. (Con ternura.) ¿Pero yo no te veré más, nunca más? ¿Y ni mis lágrimas, ni mis suspiros, podrán volverte a la vida? ¿Y él vive? ¿Y aunque muera tampoco quedaría vengada tu muerte? ¡A él nadie le ama, nadie sufriría por él como yo sufro por ti, esposo mío! ¡A nadie hacía falta, como tú me la haces a mí! El rey ha tenido compasión de su juventud, él no la tuvo de ti. ¡Ah, don Pedro! Tu asesino atravesó tu corazón con su espada al mismo tiempo que el mío...

Escena II

Mendoza (Entra sin ser visto y la observa.)

Mendoza ¡Aquí está, llorando! Es menester que se case conmigo. ¡Monja...! ¿Y se niega a profesar luego...?

Clara ¡Dios mío! ¿Qué he hecho yo para ser tan desgraciada? ¡Yo nunca he querido la desgracia de nadie! ¿Y es él acaso más feliz ahora? ¡Ahora teñido en la sangre de quien era mi único bien! ¿Qué quiere de mí ese hombre? No me ama, ni podría esperar de mí que yo le amase jamás... ¡Don Pedro, esposo mío! ¡Dios mío! ¡Dios mío! Dadme fuerzas para padecer y lágrimas para llorarle toda mi vida. (Ve a Mendoza.) ¡Pero qué veo! ¡Es él! ¡Él!

Mendoza   Doña Clara, tranquilizaos.

Clara   ¡Infame! ¡Huye de aquí! ¡Vienes a ultrajarme otra vez, tú, manchado con la sangre de mi esposo! ¡Maldito, maldito seas!

Mendoza (Aparte.)   Suframos el granizo hasta que escampe. (Alto.) Clara, cálmate, tengo que hablarte, y a nadie interesa tanto como a ti lo que ahora me trae a tu presencia.

Clara   (Sin escucharle y delirante.) Pero tú has desobedecido al rey. Él te ha mandado a una prisión y tú no has cumplido con su mandato. Y has violado y allanado la casa de su pupila. ¡Ah! ¡Si quieres esconderte aquí y vienes a implorar mi favor! ¡Oh! Momento feliz, ojalá fuesen tigres los que te persiguen y yo te entregaría también a ellos para que te hicieran pedazos. ¡Correré... sí, a la reja; gritaré; avisaré que está aquí...!

(Va a correr y Mendoza la detiene.)

Mendoza   ¡Clara, Clara, tú deliras! ¡Te has vuelto loca!

(Clara le mira con los ojos desencajados, se arranca de él y huye atemorizada. Mendoza la contempla sorprendido. Ella se deja caer en una silla falta ya de esfuerzo y extremadamente abatida. Llora. Mendoza va acercándose poco a poco. Mientras él la habla, ella levanta de cuando en cuando el semblante contraído y con siniestras miradas, ya fija sus ojos en él, ya registra alrededor como temerosa.)

¡Clara! ¡Pobre Clara! (Fingiendo ternura.) No creas que vengo a ultrajarte, no. Tu situación es demasiado amarga para no conmover el corazón más empedernido. (Aparte.) Verdaderamente, da lástima. (Con frialdad.) No, no me creas tan perverso que pueda gozarme nunca de verte derramar lágrimas. Son demasiado ricas perlas para desperdiciarlas de esa manera. Tu dolor, pobre Clara, ha penetrado mi alma. Pero tu hermosura tiene la culpa de todo. Una sola palabra disculpa mis hierros. Quizá soy a tu vista un monstruo, un malvado. No, Clara, no soy sino un hombre a quien la luz de tus ojos enamoró desde el punto en que te vi, un hombre que te ama con locura. Es verdad, tú amabas a otro, pero ¿podía yo sufrir un rival feliz? He hecho mal, Clara, pero mi amor por ti debe disculparme. Nuestro tío, el Padre Rafael, todos se han indignado contra ti, por el paso que diste esta mañana; todos menos yo, que te amo. Tú pedías contra mí justicia, tú demandabas mi muerte al rey; pues bien, Clara, mientras que de este modo expresabas tu odio y tu resentimiento, mientras implorabas venganza contra el matador de tu amante, yo te contemplaba más bella, más hermosa que nunca; yo te perdonaba en mi corazón. Porque tu enojo realzaba la simpar belleza de tu semblante. Y ahora, si he venido a verte, si me he atrevido a turbar tu pena, he venido por tu bien...

Clara

(Con abatimiento y dolor.) ¡Por mi bien! ¿Pero quién os ha traído aquí? La orden del rey...

Mendoza	¡La orden del rey! El rey pudo, mal informado, mandar lo que tú oíste; pero después cambió de pensamiento, y ha revocado la orden. Clara, tú no sabes lo que pasa en la corte. Los reyes son, por lo común, cuando se dejan guiar por sus favoritos, como los niños pequeños, cualquiera cosa los irrita, cualquier palabra los calma. Tus lágrimas enternecieron al rey, en aquel momento se dejó sentir de tus discursos, me mandó encerrar en un castillo y a ti te tomó bajo su protección. Pero después prevalecieron las razones del conde y de mis amigos, y el rey miró como una calaverada mi desafío; tus amores, como el pasatiempo de una niña, y tu queja como una desenvoltura impropia de tu sexo, de tu educación y tu jerarquía. El enojo que le causó lo que ellos llaman tu descaro, fue tal, que ha mandado que te encierren en un claustro sin otra consideración contigo que la de dejar a tu elección el convento donde se ha de sepultar tu vida.
Clara (Con despecho.)	Y tú, hombre infame, has venido a anunciarme todo eso para gozarte en tu triunfo y en mi desventura. Tú has pensado que la venganza que yo había conseguido esta mañana había aliviado el tormento que abruma mi corazón, te has dicho a ti mismo: voy a verla llorar, a verla sufrir, y a desvanecer hasta las ilusiones que en su tristeza la quedan. Yo he traspasado su corazón ayer con mi espada, asesinando a su amante: hoy voy a gozarme en envenenar su alma; voy a deleitarme en su abatimiento (Con energía y enjugándose los ojos) pero, don Álvaro, os engañáis, me habéis visto llorar, pero ya no lloro, ya no volveré a derramar una lágrima; el fuego que arde en mi corazón vengativo las va a secar para siempre. Yo no quiero ya nada en el mundo, nada sino vengarme de ti. Y no me creas impotente, ¡no!, porque

me vengaré. ¿No lo véis? ¿No lo véis? Mis ojos ya no derraman lágrimas. Rayos habían de lanzar, rayos que te hicieran cenizas.

Mendoza

Sí, desahógate, Clara, sí, desahógate, y yo me daré mil veces la enhorabuena si tu corazón se calma de esa manera.

Clara

Lo sé. Para ti los insultos son palabras que lleva el viento, sonidos que nada significan, pero ¿qué demonio del infierno te trajo aquí para impedir mi felicidad? ¡Monstruo! ¡Que me causa horror verte!

Mendoza

Verdaderamente que no sé yo mismo si fue un ángel o un demonio el que aquí me trajo de Flandes, pero lo que es ahora, me trae a verte un asunto que a nadie importa tanto como a ti.

Clara

¿A mí? ¿Y qué puede importarme a mí ya nada en el mundo?

Mendoza

Sí, Clara, a nadie importa tanto como a ti, a nadie; tranquilízate y óyeme. El rey ha dado orden a ruego de tu tutor de aprisionarte en un claustro, quiere que llores allí toda tu vida tu arrepentimiento. ¡Imbéciles! ¡Ellos no te han mirado como yo; no han sentido en su corazón de hielo el influjo de tus encantos y en su fría justicia te han condenado a sepultarte viva en una tumba.

Clara

¡La tumba! ¡Allí está ahora todo mi amor, toda mi esperanza, toda mi felicidad!

Mendoza

Sí, Clara, en la tumba, si no se encuentra eso que tú dices, quizá se halle el reposo eterno, quizá... ¡Quién sabe!... Pero en la tumba que el rey te prepara se padecen todas las amarguras de la vida, sin que ninguno de sus goces alumbre con un rayo de luz la noche eterna de la tristeza.

Clara (Con Odio.)   Pero no os veré nunca allí, ¿no es verdad?

Mendoza   Allí, cada día que pase, vendrá a renovar tus recuerdos; cada día te traerá más a la memoria tu I edad, porque sin presente y sin porvenir tu vida será un continuo recuerdo de lo pasado; créeme.

Clara   Nunca lo será más que ahora, ahora que te tengo delante de mí. Pero, de una vez acabemos; ¿qué queréis decirme con todo eso? Vuestra presencia me es insoportable. Es en verdad extraño que os inspire yo tanta lástima.

Mendoza (Aparte.)   Si yo estuviera seguro de que profesaba; pero el año de noviciado... (Alto.) Clara, mira, otro hombre que no te amara como yo, que no sintiera por ti el interés, la ternura que afecta mi corazón en favor tuyo, quizá se valdría del influjo que el poder y ventajosa posición me conceden sobre tu suerte. Quizá se aprovecharía de la orden del rey para hacerte entrar en un convento y, no ambicionando más que el título de marqués de Palma y tus riquezas, no titubearía un instante, en heredarte en vida. Pero yo soy más generoso, o por mejor decir, yo te amo demasiado para pensar en el esplendor ni en las rentas de tu marquesado.

Clara (Con amargura.) ¡Yo lo hubiera dado todo por haber sido feliz con mi esposo! ¡De qué me sirven ahora las riquezas, ya no

	valen para engrandecer y dar honra al hombre que dominaba mi corazón...!
Mendoza	Otro hombre te diría: Clara, lo pasado ya no tiene remedio; perdonémonos mutuamente; elige entre ser mi esposa o renunciar para siempre al mundo. Pero yo...
Clara (Irritada.)	¿Y tú no adivinas lo que yo respondería a ese hombre?
Mendoza	Sosiégate, Clara; es menester que atiendas a mis palabras; te va mucho en ellas para que las desoigas y no hagas caso de ellas. Yo no quiero más que tu bien, óyeme, por favor. Yo te amo, yo te prometo adivinar tus pensamientos, yo necesito de ti, necesito, en fin, llamarte mi esposa.
Clara (Con ira.)	¡Yo tu esposa! ¡Malvado! ¡Yo la esposa del asesino...! i Sí, yo sería tu esposa, y te estrecharía entre mis brazos si pudiera ahogarte con ellos! Don Álvaro, pronto, salid de aquí... ¡Hola! ¿Qué, no estoy yo en mi casa? Salid de aquí, hombre villano.
Mendoza	Mirad, Clara, que no sabéis lo que os decís. Reflexionad sobre lo que os he hablado.
Clara	Repito que salgáis de aquí; salid, y no inficionéis más tiempo esta casa con vuestra presencia.
Mendoza	Por Dios, un momento de calma. Pero, alguien viene. ¡Ah! El padre Rafael. (Se pone a pasear el cuarto. Aparte.) Este viene a persuadirla que entre monja..., pero, en fin, si no hay otro remedio...

(El Padre Rafael ha dado a besar su mano a doña Clara, que se arroja a sus pies sollozando.)

Escena III

(Clara, Don Álvaro, Padre Rafael.)

Clara	¡Padre mío, padre mío! Lástima de esta desdichada mujer.
Padre Rafael	Levántate, hija mía, levántate. (La levanta con dulzura.) Dios perdona al pecador arrepentido, y nos enseña a los hombres a compadecernos de las miserias de nuestro prójimo.
Mendoza	(Aparte paseando la habitación.) No hay otra alternativa; o se casa conmigo, o se mete a monja. ¡Voto va! ¡Renunciar yo a mi ambición...!
Clara	¡He padecido tanto! ¡He llorado tanto, padre mío!
Padre Rafael	Sí, has sufrido mucho, lo veo. ¡He aquí los precipicios del mundo! ¡He aquí el término de todos los delirios de la humanidad! ¡Qué queda de todas las ilusiones de la vida una vez que pasaron! Algún recuerdo amargo, algunas lágrimas. Dichoso el que entonces levanta su corazón a Dios y se arrepiente de sus desvaríos. La copa inagotable, la divina misericordia derrama el bálsamo de consuelo en tu corazón. Yo, miserable pecador, como tú, te perdono y espero en adelante que te arrepientas y enmiendes.
Clara	Vuestras palabras, padre mío, alivian el dolor de mi alma.

Mendoza (Aparte.)	El padre lo entiende...
Padre Rafael	Me alegro, hija mía, que mis palabras sean dulces para ti. El paso que has dado esta mañana ha enojado a tu tío el señor conde hasta el punto que ha jurado no verte más. En vano he tratado de persuadirle a lo contrario; lo único que he podido lograr de él ha sido una promesa de que te perdonaría si das la mano a tu primo.
Mendoza	(Con afectación.) Padre Rafael, suplico a vuestra reverencia, que sin hacer caso en este punto de la palabra de mi señor tío, influya con doña Clara para que elija libremente lo que mejor la convenga.
Clara	Padre, mientras esté ese hombre delante es imposible que yo os escuche con atención; es imposible que piense yo en otra cosa que en sus infamias y en el asesinato que ha cometido.
Mendoza	(Con frialdad impasible.) Vuestra reverencia no haga cuenta de esos insultos y prosiga en sus persuasiones con doña Clara.
Padre Rafael	Ese odio que manifestáis a vuestro pesar...
Clara	Es un odio eterno, inextinguible; os suplico que antes le digáis que se vaya. Si no, perdonadme, padre, pero me iré yo.
Padre Rafael	Tranquilizaos...
Mendoza (Aparte.)	Está visto, es terca como ella sola y no adelantaré nada. (Alto.) Doña Clara, una sola palabra y no os molestaré

más. Considera que no os queda ya sino escoger un convento o ser mía.

Clara

¿Lo véis? ¿Lo véis cómo me insulta? Su vista me horroriza y me desespera.

Padre Rafael

(A Mendoza.) Os suplico...

Mendoza

Sí, padre Rafael, me voy. (Aparte.) No hay más, sino que entre monja. Pero si Figueroa no ha muerto... Otáñez me servirá bien.

(Vase.)

Padre Rafael

Vamos, hija mía, sosiégate y óyeme.

Clara

Os pido, por Dios, que no me habléis jamás de ese hombre.

Padre Rafael

Ese hombre es tu primo, es tu prójimo y...

Clara

Sé, padre, lo que me váis a decir; pero no mando en mi corazón, y le detesto, y le aborrezco, y le aborreceré mientras viva.

Padre Rafael

El tiempo calmará esa pasión y Dios tocará su corazón y hará que algún día le perdones. No muestres impaciencia, hija mía, no te volveré a hablar de él. Tranquilízate. Tú eres aún muy niña, y ya las espinas de la vida se han clavado en tu corazón. Pero eres buena naturalmente y tu alma es pura todavía como la de los ángeles. Las lágrimas del arrepentimiento la lavarán de la mancha con que una pasión mundana la ha empañado quizá. El rey ha mandado recogerte por ahora en un monasterio para que en su soledad llores tus desventuras hasta que esta tormenta que han traído tus pocos años se disipe. Allí en el silencio y recogimiento de un claustro, entre las esposas, de Jesucristo, elevarás tu mente al Criador y quizá el cielo se abrirá a tus ojos, y derramará sobre ti caudales de bienaventuranza y de santidad. Lejos de mí querer forzar tu voluntad; pero si tal vez tu corazón se sintiese tocado de aquel santo esfuerzo que Dios inspira en las almas de sus elegidos, si alguna vez, como yo en otro tiempo me prometía, te abrazaras a la cruz para nunca separarte de ella y allí cifrases tu única esperanza en la tierra, entonces, Clara, lejos tú de las mundanas tempestades, yo me daría el parabién de haberte conducido al puerto de paz y de salvación eterna.

Clara

Padre mío, el mundo para mí ya no es más que un desierto. Nada quiero ni deseo nada en él. En un claustro al menos nadie vendrá a interrumpir mi llanto, que es el único alivio que me queda en mi mal. Disponed de mí como queráis. Todo cuanto más lejos esté yo del mundo en que habitan los malvados y que se muestra a mis ojos ávido y sin una flor que embellezca y perfume la vida, tanto menos desdichada será mi suerte. Allí en el silencio rogaré a Dios por su alma. El sin duda está en el cielo, en el trono de los ángeles, y allí podré yo adorarle desde la tierra. Sí, padre, el silencio de un claustro conviene al silencio que ha quedado en el mundo alrededor de mí, la soledad de la celda a mi soledad, y la religión me consolará de mis amarguras.

Padre Rafael

(Con entusiasmo.) Hija mía, Dios mismo ha puesto esas palabras de bendición en tu boca. ¡Bienaventurado el que se conforma con sus decretos! Clara, esa malvada pasión que te ha hecho derramar tantas lágrimas te abre el camino del cielo. Dios toca de varios modos las almas de sus elegidos.

Clara

Sí, padre; yo renuncio a todo, a todo para siempre, sin dolor alguno, Un pan bañado en lágrimas sea mi alimento y una humilde tarima mi lecho. ¡Ah! Yo le veré a él en mis visiones de la noche descendiendo del cielo a consolar a su pobre Clara, hermoso y puro como los ángeles. Yo le rezaré a él también.

Padre Rafael

El rey deja a tu elección el convento.

Clara (Resignada.)

Elegidle vos, padre, el que queráis. Haced que salga yo de aquí cuanto antes.

Padre Rafael

Sí; voy al momento, hija mía.

(Vase.)

Clara

¡Dios mío! ¡Hágase tu voluntad! ¡Ten compasión de mí!

(Cae el telón.)

Acto IV

Cuadro I

Escena I

(Salón en casa de Mendoza adornado con lujo pero en desorden. Dos jóvenes en el fondo tirando a la espada; otros entrando; varios sentados alrededor de una mesa jugando y viendo jugar. Otáñez y otros criados en pie. Pacheco, entra.)

Pacheco (A Otáñez.)   ¿Y tu amo?

Otáñez   Está aderezándose para ir con Su Majestad a una partida de caza. Supongo que vuestra señoría será del número.

Pacheco   Sí, cierto.

(Se acerca a la mesa de juego.)

Robleda (Jugando.)   ¡Voto a cribas! A pocas de esas os lleváis todo mi patrimonio.

Pacheco   ¿Perdéis, alférez de Robleda?

Caballero III   Para entretener el tiempo mientras que sale el marqués nos hemos puesto a jugar un rato.

Robleda   Y yo he perdido mi dinero en broma. ¡Por vida de...!

Pacheco   A bien que ahora no os debe dar cuidado, protegido como estáis por el marqués y favorecido del conde duque.

Caballero IV   Otro golpe y basta: allá va la novia.

(Tiran, dejan las espadas y se acercan al corro.)

Otáñez   En esta casa anda una bacanal continua desde que mi
                            amo se ha hecho marqués.

Caballero III   ¿Pagáis más?

Robleda   Lo que me queda, y mil demonios carguen conmigo.

(Se levanta de la mesa.)

Rendones   Ya le desvalijaron.

Pacheco   Creo que todos seréis de la partida con Su Majestad.

Rendones   No hay cosa como un rey mozo de buen humor. Todo
                            se vuelve saraos, bailes, cacerías... No hay tiempo
                            apenas para fastidiarse.

Múzquiz   Pues a fe mía que hay, sin embargo, cosas bien fas-
                            tidiosas. Supongamos: la antecámara del ministro, la
                            escalera del palacio y la antesala de esta casa. Apenas
                            puede uno andar sino tropezando con una turbamulta
                            de pretendientes, cada uno con su memorial que
                            entregar, y su relacioncita estudiada que encajar al
                            paso.

Pacheco   Es verdad; parecen pobres en día de jubileo.

Caballero I   Esos achaques tiene el ser marqués y favorecido del
                            conde duque.

86

Múzquiz	Privado del rey.
Rendones	Como que le acompaña, dicen, en todas sus aventuras nocturnas y galanteos.
Robleda	Eso se llama tener suerte. Me acuerdo que en Flandes...
Pacheco	A él lo que le ha valido principalmente fue el capricho de su prima en meterse monja. Se encontró marqués en un quítame allá esas pajas.
Múzquiz	Pero creo que la pobre doña Clara no tenía tal vocación, sino que...
Rendones	¡Buen chasco me llevé yo con su profesión! Hubiera apostado a que no tomaba el hábito. Y mucho más habiendo resucitado el difunto.
Robleda	Ahí tenéis lo que yo digo. No hay como tener un santo en la familia. Todo se vuelve milagros.
Pacheco	Unos se van al cielo para que otros se vayan en coche al infierno.
Robleda	Pues, ¡voto a Amberes!, que todavía ninguno de cuantos se han ido al cielo me han dejado a mí su coche...
Rendones	Que vos hubiérais tomado, aunque hubieran tirado de él cuatro diablos en figuras de hipogrifos.
Robleda	Aunque hubiera tenido que andar a tajos con el mismo Satanás en persona.

Todos	(Risas y aplausos.) ¡Bravo, bravo!
Pacheco	¡Bien por el alférez de Robleda!
Múzquiz	Doña Clara entró monja sin saber qué hacía; algún día puede que la pese.
Rendones	Pero al marqués no le pesará; que al no haber sido por eso se llamaría ahora, en vez de marqués de Palma, don Álvaro de Mendoza a secas.
Pacheco	¿Sabéis que es un asunto excelente para una comedia? Una marquesa enamorada de un vasallo suyo, un primo que vuelve de Flandes, un desafío con el amante, de cuyas resultas la triste señora entra monja. ¡Voto va!, que es lástima que nuestro don Pedro Calderón no lo tome por su cuenta.
Múzquiz	Sí, pero no acaba en casamiento, y no está de moda acabar ahora las comedias de otra manera.
Robleda	Hay hombres de suerte: un desafío le ha proporcionado a Mendoza el ser marqués, y a mí los que hasta ahora he tenido solo me han causado gastos y cicatrices.
Caballero I	¿Sabéis que al conde de Piedrahita le envía el conde duque de virrey a México?
Rendones	Tenía demasiado favor con el rey, y aunque amigo antiguo, era menester quitarle de enmedio.
Pacheco	Y al padre Rafael, confesor del rey, creo le hayan desterrado también.

Rendones	Me alegro. Era el hombre más fastidioso del mundo; siempre echando sermones.
Robleda	El conde duque lo entiende, y Mendoza ha ganado en eso; porque el fraile no era muy amigo suyo, y en cuanto al conde, le deja una vacante en palacio.
Múzquiz	El fraile es preciso confesar que era una planta exótica en la corte de un rey joven y amigo de diversiones.

Escena II

(Dichos y Mendoza, vestido de caza.)

Mendoza	¡Hola, caballeros! ¿Qué se murmura? Alférez Robleda, esta vida es algo más, cómoda que la que hacíamos en Flandes.
Robleda	Sin embargo, yo la trocaría de muy buena gana. En la corte se gasta un sentido.
Mendoza	Hoy, señores, iremos con Su Majestad al Pardo, donde se ha de hacer la prueba de los dos mejores sabuesos que se han visto nunca. Es un regalo que el conde duque ha hecho al rey.
Pacheco	En seguida habrá gran mesa de estado, fuegos, etcétera, y por la noche una comedia famosa de un ingenio de esta corte, en la cual dicen que el rey ha (Baja la voz.) tenido parte.
Múzquiz	Pues en ese caso debe ser buena, y no hay sino preparar las palmas.

Robleda	Ya andarán listos los alguaciles para llevar gente a la comedia. ¡Es mucha manía de gentes! ¡Tener que ponerlos presos para divertirse!
Mendoza	¿Será ya hora de irnos acercando a palacio?
Pacheco	Todavía falta más de hora y media.
Mendoza	¡Hola, Otáñez!

(Llevándole a un lado.)

Otáñez	¿Señor?
Mendoza	Me parece haberte oído que tenías que decirme algo.
Otáñez	Sí, señor; y con vuestra licencia os diré que ayer mismo vi a don Pedro de Figueroa, pero tan seco, tan pálido, que da lástima, y...
Mendoza	¡Adelante! ¿A qué diablos me vas a hacer su retrato?
Otáñez	Con perdón de vuestra excelencia, le vi, como iba diciendo, y él me conoció a mí, pero yo a él como si no le hubiera visto en la vida.
Mendoza	¡Despáchate, o vive Dios...!
Otáñez	Señor, en una palabra, me preguntó por vuestra excelencia y doña Clara; a mí me dio miedo, porque temí que supiera mi lealtad por vos y...
Mendoza	Bien; Clara es ya monja. Tarde acude.

90

(Un lacayo entra con muchos papeles, que entrega a Mendoza.)

Pacheco   ¡Qué granizada de súplicas y peticiones!

Mendoza   (Dando a uno los papeles.) Secretario, tomad eso e
                   informadme si hay algo que merezca la pena.

Lacayo   Un caballero, que no ha querido decirme su nombre,
                   desea hablar con vuestra excelencia en particular.

Mendoza   Dile que vuelva otro día, que hoy estoy ocupado.

Lacayo   Dice que es indispensable ver a vuestra excelencia
                   ahora mismo. Trabajo me ha costado que no entrase
                   hasta aquí como en su casa.

Otáñez   (Aparte, a su amo.) Él es, señor; no le recibáis solo; es
                   capaz...

Mendoza   ¡Quita allá, necio! ¿Pacheco?

Pacheco   ¿Qué hay?

Mendoza   Retírate con esos amigos a esa otra sala mientras
                   despacho a un importuno que se ha empeñado en
                   hablarme.

(Todos se retiran.)

Escena III

(Mendoza, el Lacayo.)

Mendoza	Que entre. (Vase el lacayo.) ¡Pobre Figueroa! Casi me da lástima del buen hidalgo.

Escena IV

(Mendoza, Figueroa.)

Mendoza	¡Embozado tenemos!
Figueroa	(Desembozándose.) Señor marqués, ¿me conocéis?
Mendoza	Muy mudado estáis, a lo que veo, pero si mal no me acuerdo, presumo que sois don Pedro de Figueroa.
Figueroa	Os acordáis perfectamente y creo que no habréis olvidado que me debéis una satisfacción.
Mendoza	Yo estoy Pronto a dárosla. Mi suerte ha cambiado mucho de un año a esta parte; tengo favor en la corte, y si queréis serviros de mi influjo, os lo ofrezco con toda cordialidad,
Figueroa	No pretendo nada en palacio, y aunque pretendiera, tampoco me valdría de vos. La satisfacción que os vengo a exigir es de otra naturaleza.
Mendoza	Ignoro entonces en qué puedo serviros, señor don Pedro.
Figueroa	Por frágil que sea vuestra memoria, no habréis olvidado el lance en que tuve yo hace año y medio la desgracia de salir herido.

Mendoza	Y en verdad que os cobré afición por vuestra bizarría, y me alegro que la herida no tuviera peores consecuencias. Pero sois demasiado rencoroso, señor don Pedro.
Figueroa	Para vos las consecuencias fueron las que deseábais, En cuanto al desafío, no os tengo rencor. Vuestra buena suerte os valió como hubiera podido valerme a mí. Pero, señor don Álvaro, añadisteis al agravio una superchería, indigna de vuestro nacimiento.
Mendoza	Moderad vuestras palabras, porque no quiero enojarme con vos. Deseo pagaros en algún modo lo que os debo, y voy a hablaros con franqueza. En el mundo, el que no trabaja para sí es un necio. Vos llamáis superchería a un artificio inocente y de que me fue forzoso valerme. Hice creer a Clara que habíais muerto, y vuestras cartas todas vinieron a mi poder, interceptándolas, para que no llegasen a sus manos. Influí con el ministro para que os hiciese salir poco después en posta con una comisión a Nápoles desesperado y creído de que Clara os había olvidado. Podrá pareceros esto lo que quiera, pero ya está hecho; y como se suele decir, a lo hecho, pecho, señor don Pedro. Clara es ya monja y está fuera absolutamente de vuestro alcance; la manzana, pues, de la discordia, ha desaparecido, y no hay ya motivo para reñir. Vuestra pasión al cabo de tanto tiempo se habrá enfriado y mucho más no teniendo esperanzas de qué alimentarse. Seamos, pues, amigos, y será mejor.
Figueroa	¡Amigos! Vos sois un mal caballero.
Mendoza	Silencio. Os perdono esa bravata en gracia de las ofensas que os hice. Ved si Puedo serviros en algo, y retiraos,

Figueroa	Don Álvaro, vengo decidido a morir o a mataros. Si no salís al campo conmigo juro a Dios que os atraviese aquí mismo de una estocada.
Mendoza	Ya os probé en otra ocasión que mi espada valía más que la vuestra; ahora os digo que soy marqués de Palma y vos solo un hidalgo, mi vasallo, con quien no me corresponde medir la espada, ni igualarme nunca.
Figueroa	Más noble que tú ¡infame! Mil veces más noble y más honrado que tú. Sales o te mato aquí mismo.

(Desenvaina la espada. Pacheco y los caballeros acuden a los gritos.)

Mendoza (Con calma.) Estoy desarmado; envainad esa espada, que no quisiera que os tomasen por un vil asesino y tener que echaros a palos de mi casa.

Figueroa	¿Tú a mí? ¡Perro!

(Le tira una estocada y Mendoza se retira. Los caballeros acuden, cogen a Figueroa por detrás y lo desarman.)

Pacheco	¿Qué es esto? ¡Detenedle!
Mendoza	(Tomando la espada de mano de Pacheco.) Dejadle, señores, don Pedro de Figueroa se exaltó demasiado y tiró de la espada en un momento de ira. Tomadla, don Pedro; sois muy digno de ceñirla. Ved en qué puedo serviros.

Figueroa	Os rodea y defiende ahora mucha gente. Oh, algún día, señor marqués, algún día quizá y en mejor paraje nos encontraremos.

(Vase.)

Pacheco	Ese hombre está loco.
Robleda	¡Al cabo de año y medio, con lo que sale!
Mendoza	Ea, caballeros, no hay que hablar más de eso. ¡A palacio! El rey nos está esperando.

Cuadro II

(Una celda. A la izquierda del espectador una ventana a la huerta con una cruz de hierro. En el fondo una puerta por la cual se verá un largo claustro con un farol a lo lejos, y en último término la gran puerta del coro. Al lado de la reja en el mismo fondo una mesa con su reclinatorio, un libro y escribanía de barro. En la pared, una imagen de la Soledad alumbrada escasamente por una lámpara moribunda. Al otro lado una arcón grande y más próxima la cama con un rosario pendiente a la cabecera y una pila de agua bendita. Algunos sitiales de baqueta. Noche oscura.)

Escena I

(Clara arrodillada ante la imagen. Entra Teresa, criada suya.)

Teresa	El convento está en un profundo silencio. Todas las religiosas se han retirado al descanso. Miedo causa el atravesar los claustros. No se pierde un sonido. El aire de los patios, el rumor de las pisadas, las sombras siempre en movimiento, todo infunde una especie de terror... ¡Pobre señora! ¡Una marquesa acostumbrada al lujo, al

regalo de su casa, en las fiestas y la alegría de sus primeros años, y ahora siempre vertiendo lágrimas...! Tan afligida ¡infeliz! Hace un momento que me hablaba de su única pasión, de sus desgraciados amores, resuelta, esperanzada. Ahora solloza, está rezando a la Virgen. Voy a llamarla.

(Se dirige a Clara y se detiene.)

Clara

¡Madre mía! ¡Madre mía! Tened lástima de mi dolor. Miradme, reina de los cielos, volved los ojos a vuestra criatura desamparada. No me abandonéis en tan amargo desconsuelo.

Teresa (Conmovida.)

¡Señora! ¡Señora!

Clara

¿Quién me llama? (Se levanta, sobresaltada, conoce a Teresa y prosigue con dulzura.) ¿Eres tú, Teresa? Yo creí que estabas durmiendo. ¿Por qué no te vas a gozar del sueño?

Teresa

¿Y cómo queréis que os deje sola en este estado, siempre llorando? Hace un momento que salí de aquí. He paseado, como me dijisteis, todo el monasterio. Todas duermen: no se siente nada: la noche es muy oscura, muy triste... don Pedro sin duda está esperando a que os acordéis de él.

Clara

(Vivamente afectada.) ¿Dónde está? Desde esta tarde no le he vuelto a ver. En la iglesia, junto a las luces del altar; el coro de las religiosas cantaba los oficios; yo tenía mis ojos clavados en él, pero los suyos en vez de responderme seguían contemplativos al humo de los inciensos. ¡Desventurado! Él preguntaba al Altísimo por el corazón de su esposa y nadie le respondía.

Teresa

Por vuestra vida que no os entreguéis al abatimiento. Pensad en que don Pedro vive, en que sabe vuestras desgracias y vuestra fidelidad.

Clara

¡Qué vive! ¿Y quién sabe si su aparición en el mundo no es el último martirio que me esperaba? ¡Ay...! ojalá hubiera yo sucumbido mil veces a la falsa noticia de su muerte. Pero, Señor, ¿dónde, cuándo cometí yo crímenes que merezcan lo severo de la ira con que me estáis afligiendo? ¿Qué es de vuestra justicia, Dios mío? Los malvados triunfan y se ríen de vuestra cólera terrible. ¿Cuál es, en la tierra, el premio de la virtud?

Teresa

Vuestras penas y vuestro continuo lamento me traspasan las entrañas. Escuchadme, os ruego; yo no puedo sufrir que os consumáis así en la agonía. Reanimad vuestro valor; antes me hablabas de otro modo. Ya hace más de ocho días que tenéis noticia de su existencia y ¿aún andáis remisa cuando se trata de verle? A fe mía que vos misma sois el mayor enemigo de don Pedro y de vuestra felicidad.

Clara

Teresa, ¿qué has dicho? ¡Yo enemiga de Figueroa. Tú no sabes lo que pasa dentro de mi alma, lo que yo lucho por apagar el fuego en que estoy ardiendo; este fuego que otra vez vuelve a prender con más furia que nunca, ahora que debiera estar apagado en el tiempo y la penitencia. ¿Que no quiero verle? ¿Y quién lo pudiera desear en el mundo con más violencia que yo? ¡Desventurada! ¡Es imposible...! (Abatida.) La religión, mis votos, el sagrado recinto en que hallo... ¡Qué poder sería bastante a defendernos del remordimiento, de la tortura, de un horrible sacrilegio...! ¡jamás, jamás...! ¡No nací yo, triste, para ser dichosa!

Teresa

Y, ¿por qué no, con la confianza de vuestra conciencia?, ¿por qué queréis oponeros a vuestro destino? Seguid el rigor de vuestra estrella doña Clara. Dios os está viendo y el mundo no puede juzgaros. ¿No tenéis fe en la protección del cielo?

Clara

¡Ah! ¡Si yo pudiera abrir mi corazón y descubrirle! Yo llamaría a los más insensibles y les diría: mirad, mirad, soy una pobre huérfana, nací acariciada de la fortuna, en medio de la opulencia y de los placeres; pero las riquezas no me infundían sino desprecio y aburrimiento. Un instinto de amor irresistible, pasión divina, nació conmigo, acompañó los juegos de mi niñez, y a las puertas de mi I juventud, me presentó todas mis ilusiones, los encantos de mis ensueños virginales cifrados en un hombre, en un ángel de cariño y de salvación. ¡Ah! Desde entonces todo fue para nosotros tinieblas y naufragio. El mundo nos hizo la guerra, mis deudos me abandonaron a mi suerte y cuantos me conocían se olvidaron de mi pesar. ¡Y yo le lloré muerto! De noche, en mis delirios, llame a la losa de su sepulcro y la eternidad se abrió delante de mí. Pero vive, respira aún, repite el nombre de su Clara y la busca por todas partes. ¡Yo quiero verle, yo muero por estrecharle en mis brazos, por oirle decir que me ama como el primer día!

Teresa

¿Y por qué no? Atended: os repito que todos duermen, que no hay peligro ninguno. Ya sabéis los medios que tengo en mi mano para hacerle entrar sin ser notado. Es temprano: yo sé que no se retira hasta muy tarde:

que pasa las noches enteras rodeando los muros del convento por adquirir noticias vuestras. Corro a avisarle. Ni marido el demandadero está pronto a sacrificarse por vos; él tiene la llave de la I puerta. (Enseña una llave.) Y aquí la de la clausura, como os ofrecí ayer. Adiós, señora, valor y esperanza. Pronto abrazaréis a don Pedro.

(Vase.)

Escena II

Clara

¡Espera, detente, oye! Se fue. ¡Cuántos peligros...! Pero Figueroa no querrá, no debe entrar hasta aquí, sería perdido sin remedio. Los suplicios más horrorosos le amenazan... el castigo del cielo... pero ¿qué digo? El me ama, sí, yo lo sé... acudirá corriendo a mi voz. ¡Insensata! ¡Yo soy quien le entrega a la muerte...! La muerte... Pero nadie le arrancará de mis brazos, nadie podrá separarnos, si él muere, moriré yo también: él me sonreirá y yo con mis manos halagaré su frente mientras respiro. Juntos descansaremos de tanto padecer; y si la muerte no es igual a la vida, con ella acabarán nuestros infortunios. Me parece que oigo pasos... ¡Silencio! Siento una opresión, una zozobra... ¡Ah!

(Abrese la puerta.)

Escena III

(La Abadesa con luz.)

Abadesa

No te asustes, hija mía. Soy yo, que pienso en ti, que vengo a consolar tus aflicciones. Hace algunos días que me llaman la atención tus inquietudes. Estás desmejorada, hermana Clara: ¿qué sientes hija? Tus antiguos pesares se iban ya mitigando: ¿qué nuevas tribulaciones?

Clara

(¡Dios mío, que angustia! ¿Qué va a ser de nosotros?) Madre abadesa, yo no sé con qué podría pagar el interés que os tomáis por mí. En este momento iba a entregarme al descanso.

Abadesa

Vamos, me alegro, sí, descansad. Durante el sueño se adormecen también los rebatos con que el enemigo suele atormentar la imaginación. Os lo he dicho muchas veces; yo también en mi juventud sufrí combates muy recios de las pasiones. Mis pensamientos en la soledad volaban tras los recuerdos mundanos y en mi corazón fluctuaban miserablemente. Pero la penitencia, la oración, las lágrimas del arrepentimiento. Endulzaban mis amarguras, y fortalecían mi espíritu.

Clara

(¡Qué martirio! Yo estoy en ascuas. Va a llegar.) Os ruego, madre, que no renovéis mi dolor. No queráis despertar en mi memoria...

Abadesa

Tienes razón, hermana, voy a ver de dejarla al momento. Pero me ha de prometer retirarse a su lecho, y no dar rienda a su desconsuelo. Te recomiendo la lectura de mis libros piadosos. Medita sobre ella, y encontrarás cómo el Señor aflige a sus siervos para acrisolarlos y castiga irremisiblemente a los que le ofenden.

Clara

No sabéis lo que yo amo vuestros santos consejos, son tal vez el único alivio de mis males... pero... ahora... no

	sé... está tan adelantada la noche... mis fuerzas desfallecidas... quizá podría reposar algunas horas.
Abadesa	(¡Desgraciada joven!) Adiós, hija mía, me voy al recogimiento. Si te parece conveniente enviaré una de las hermanas para que te haga compañía.
Clara	(Creo que se sienten pasos...) No, madre abadesa, no. La presencia de cualquiera me sería perjudicial. Os acompañaré a vuestra celda.
Abadesa	Está cerca; yo iré sola. Buenas noches, Clara. Encomiéndate de veras a la pureza de la Virgen.
Clara	Ella os acompañe, madre abadesa.
Abadesa	No salgas, no.
Clara	Soy hija de obediencia. Me quedo por vuestro mandato.

(Vase la abadesa.)

Escena IV

Clara	¡Se fue! ¡Ah! Respiro. Un enorme peso me estaba ahogando. ¡Si vendrá Figueroa! ¡Si vendrá! Yo ya no podría vivir sin verle. Sí: el cielo lo dispone, yo no hago más que obedecer su influjo. Y si no, ¿qué es lo que quiere exigir de mi debilidad...? Mis votos... Mi renuncia a todos los goces de la vida. ¿Y cuándo he querido yo renunciar a mis purísimos amores? ¿Pero son ahora puros como el primer día? ¿No he pronunciado un juramento terrible? ¡Dios mío! Tú penetras en lo más escondido de mi alma. Don Pedro había muerto; yo nada tenía que esperar de

la vida. ¡Él vive, él vive! ¡Yo no soy dueña de mí misma...! ¡Bendito el día en que le volví a ver, y bendito mil veces el lazo que nos une! (Entreabre la puerta y mira hacia el claustro.) ¡Un embozado...! ¡Yo tiemblo...! ¡Él es! Teresa le acompaña... Así... ¡nadie los oye...! (Con asombro.) ¡Virgen Santísima! (Corre a la imagen.) Haced que llegue salvo a mis brazos.

(Cae de rodillas.)

Escena V

(Clara, Teresa, DonPedro de Figueroa.)

Teresa   ¡Siempre detrás de mí! ¡Más despacio, más despacio! (Desde fuera.) Esa es la puerta; sujetad la espada... no metáis ruido... está sola. (Mirando a la Escena.) Adiós, caballero: entrad.

(Vase, haciendo entrar a Figueroa.)

Escena VI

Clara, Figueroa (Entra Figueroa, Clara le reconoce y se arroja a sus brazos.)

Clara   ¡Don Pedro!

Figueroa   ¡Clara!

(Pausa.)

Clara   ¡Esposo mío!

Figueroa	¡Al fin te vuelvo a oprimir contra mi corazón, después de tanto tiempo, de tantos suspiros!
Clara (Recordando.)	Soltad, soltad. Estamos vendidos. Esa puerta...

(Corre hacia la puerta y cierra con cerrojo.)

Figueroa	(¡Mis ojos la han vuelto a ver! Pero, ¡en qué sitio!) ¡Vendidos! ¡Mi acero...!

(Empuña la espada.)

Clara	No hay cuidado. Otra vez, amor mío, abrázame. Siento un placer... una sensación celestial. Figueroa... encanto de mis ojos... ¿Has suspirado por mí? ¿Te has acordado de tu Clara?
Figueroa	¿Y tú me lo preguntas, alma mía? Un solo instante no has faltado de mi memoria. ¡Tan hermosa! Siempre enamorada, siempre llorando mi falsa muerte.
Clara	¡Infame don Álvaro!
Figueroa	¡Sí; infame, maldito, hombre vil y sin fe! Hoy más que nunca, desde la opulencia y el favor cortesano desprecia las santas leyes del honor, y se atreve a insultar a la desgracia. Pero no crea el traidor que ha de escapar a mi venganza. Yo te juro...
Clara	¡Don Pedro! No, callad, no penséis en esa quimera. ¿Qué te importa Mendoza y su perversidad si tienes aquí a tu Clara para hacerte dichoso? ¡Mendoza! No quiero que le nombres jamás. Ese nombre es fatal para

nosotros. Háblame de tu amor, don Pedro, de ese amor que yo he consagrado con mi llanto.

Figueroa

Sí, Clara, sí, de mi amor. Nosotros no debemos pensar más que en nuestro amor. ¿No es verdad, alma mía? Ya estamos unidos, ya somos felices para siempre. Tenemos derecho a serlo. Hemos comprado esta felicidad con lágrimas, con Sangre, con pesares muy profundos.

Clara

Pues bien, seremos dichosos, el mundo entero envidiará nuestra suerte.

Figueroa

Viviremos el uno para el otro, lejos de los hombres y de sus engaños, olvidando lo pasado, sin cuidarnos de lo que pueda suceder.

Clara

(Con arrebato, que siempre va en aumento.) Siempre entre delicias ¡ídolo mío! Gozaremos juntos de todos los deleites de la naturaleza, de la brillantez del día, respiraremos los aromas de la mañana. Buscaremos el placer en los misterios de la noche, y la soledad, que sabe nuestro secreto, se regocijará en nuestra aventura,

Figueroa

(Con emoción.) ¡Clara!

Clara

Todos nuestros deseos van a verificarse, viviremos muchos años en un paraíso de ilusiones, sin un día de dolor, sin un fantasma que venga a turbar la paz de nuestras almas. La misma muerte respetará nuestra juventud, y esperará nuestro último abrazo para trasladarnos juntos al seno de Dios. ¿No crees tú que hemos acabado ya de padecer?

Figueroa (Reflexivo.)	¡Desgraciados! ¡Quién sabe si tendrán fin nuestros infortunios! Vuelve de tu mágico delirio, Clara. Mírame, soy tu amante, tú eres mi único bien, mi única esperanza en la tierra. Pero, advierte ¿no ves donde nos hallamos, los muros que nos cercan, tanta oscuridad...? ¡Esa lámpara que parece velar sobre un sepulcro!...
Clara	¡Ay don Pedro! ¿Por qué me afliges de esa manera? ¿Por qué despiertas los remordimientos que dormían en lo más hondo de mi pecho? La ira de Dios nos amenaza. La religión inviolable, sagrada...
Figueroa	Sí, la realidad nos llama, Clara. Es preciso que atendamos a sus voces; a cada momento son más imperiosas. Ese hábito que te cubre... ¿no piensas tú en ese hábito?
Clara	¡Ah! Sí. ¡La esposa de Jesucristo! ¡Los juramentos...! ¡Un sacrilegio! Don Pedro ¿no te compadeces de mi terrible situación? ¿Qué puedo yo hacer, desventurada de mí?
Figueroa	¡Qué! ¿No lo sabes, Clara? ¿Lo dudas siquiera un solo instante? ¡Cruel! ¿Es así como tu eres capaz de corresponder a mi amor? Sí, tú no puedes dudar de mi amor: por ti he arrostrado peligros, he desafiado la furia de la desgracia; por ti he profanado la santidad de estos lugares. Por verte, por estar a tu lado, por una sola mirada de tus ojos he considerado yo como pequeño y despreciable cuanto podía ofrecerme la vida. Porque creí en tu pasión, porque la juzgaba tan grande como la mía y te imaginaba superior a tu misma hermosura con un alma de fuego y de entusiasmo. Hace un momento que tus palabras vibraban en mi corazón. ¿Por qué,

dime, por qué con tan vivos colores me pintabas un cielo si no estabas resuelta a acompañarme a él?

Clara

Ten piedad de mí Figueroa, no quieras perderme y perderte para siempre.

Figueroa

¡Alguien viene!

Clara (Escuchando.)

¡Silencio! ¡Silencio...! Es el viento en los álamos de la huerta. Esa ventana... ¡Ah!, cuántas veces, esposo mío (Con pasión), cuántas veces fatigada de la oración, apoyada en la cruz de esos hierros, desvanecida y melancólica, repetía yo tu nombre y buscaba tu imagen al través de los reflejos del crepúsculo en las remotas nieblas del horizonte o entre los vapores flotantes de la oscuridad... Tú escuchabas mi invocación, encanto mío, yo veía tu rostro, divisaba tu figura; ora iluminada y radiante volando hacia mí y deslumbrando mis ojos, ora gigantesca, taciturna y opaca deslizándose por entre los brazos, acompañada de sombras. Entonces yo te seguía con mis suspiros y el llanto se agolpaba a mis ojos.

Figueroa

Calla, calla, no prosigas. Los momentos son preciosos: la noche toca a su fin. Escucha mis palabras, Clara, y decide de nuestra suerte. Yo he jurado no apartarme de ti, no abandonarte jamás. Pues bien, quiero que me sigas, que huyamos de aquí ahora mismo.

Clara

¡Huir! ¡Huir de la vista penetrante de Dios! ¡Romper los votos que pronuncié en su nombre...! ¿Y dónde podríamos ocultarnos? ¿Ignoras que llevamos una maldición sobre nosotros y que hasta los más indiferentes nos perseguirían para entregarnos a una muerte ignominiosa? ¡Ah!, ¡no, nunca! Tiemblo por ti, don Pedro, la idea solo me estremece. Jamás me resolveré a sacrificarte.

Figueroa	¿Y qué piensas que sucedería si me encontrasen aquí donde estoy, en tus brazos quizá... entonces dime, ¿qué piensas tú que sucedería?
Clara	¡Qué horror! Pero tú te irás. Nadie sabrá que has penetrado hasta aquí. Todas las noches vendrás a ver a tu esposa, y el cielo piadoso se aplacará con mis súplicas.
Figueroa	No lo creas, mujer irresoluta, no lo creas. No me iré, no daré un paso sin llevarte conmigo. Aquí, aquí me encontrarán a tu lado, y conocerán todos el exceso de mi amor y la tibieza del tuyo.
Clara	Figueroa, si me amas, si no te complaces en mi desesperación, aléjate, pronto, no podemos desperdiciar un solo minuto. ¿No tiemblas al imaginar tu proyecto? ¡El infierno! La hora va a sonar, la criada no ha venido a avisarnos, algún riesgo nos amenaza... (Párase a escuchar y prosigue.) Ya se siente movimiento. Las religiosas van a salir hacia el coro. Sálvate, huye.
Figueroa	Tú te has olvidado de quién soy, Clara. He dicho que no saldré sin ti: ¿me entiendes? Pierdes el tiempo en vano si piensas que el temor podrá reducirme. Mi único temor es el de vivir sin ti.
Clara	No, no saldrás: ¡ya es imposible! ¡Imposible! (Escuchando.) Nos han sentido: ya vienen... (Oyese ruido por fuera.) Sí, sí, don Pedro, todo lo que tú quieras. (Mira a todos lados desalentada.) Estoy resuelta a todo... (Le coge de la mano.) Te seguiré, te seguiré...

pero por mi vida, por lo que más aprecies en el universo ¡no hay más salvación para nosotros! ¡Yo también moriría desesperada!

(Oyense golpes en la puerta.)

Una voz   Abrid, hermana Clara.

Clara   ¿Lo ves?, ¿lo ves? Sígueme, ocúltate, esposo mío... (Le lleva hacia el arcón, abre y toda trémula, exclama:) ¡Aquí, aquí, por el cielo santo...!

(Redoblan los golpes.)

Figueroa   (Ocultándose.) Clara, ¿me seguirás? ¿Eres mía?

Clara   ¡Tuya, tuya para siempre! ¡Tuya hasta la tumba! (Cierra con llave.) ¡Cielos, valedme! ¡Yo me muero!

(Cae desmayada sobre un sitial.)

Escena VII

(Los mismos. La Abadesa, Monjas, una Novicia.)

(Salta el cerrojo a los golpes y entran las monjas. Empieza amanecer. La luz penetra por la ventana de la huerta y por la gran puerta del coro que está en el fondo del claustro.)

Abadesa   ¿Qué es esto?

(Entrando.)

Monja I	Miradla; está muerta: fría... Algún accidente como los que a menudo la acometen... ¡Y creíamos que no la volvería...!
Novicia	¡Qué confusión! (Aparte.) juraría haber oído la voz de un hombre.
Monja II	¡Pobrecita! No respira...
Abadesa	¡Agua, agua, corriendo!

(La novicia no sabe donde acudir.)

Monja I	Pronto, Lucía: allí está el agua bendita.

Novicia (Corriendo hacia la pila.) Será lo mejor. ¡Dios la socorra!

(Lleva el tazón del agua.)

Abadesa	Venga, venga por aquí.
Monja II	Ya vuelve en sí: abre los ojos.
Abadesa	¡Clara, Clara! ¡Hija...!
Clara (Volviendo.)	Sí... ¿quién?... no... ¡Es falso, es falso! ¡Ah!
Monja II	¡Le ha atacado a la cabeza!
Abadesa	¡Dios nos libre...! ¡Infeliz...! A ver... echadla aire. Probemos a llevarla a mi celda: la reclinaremos en mi cama, y las madres se quedarán a cuidarla mientras yo asisto en el coro a la comunidad.

Monja I	¡Ánimo, hermana Clara! Pruebe a sostenerse, y la saca-remos de aquí.
Clara	¿Dónde? ¡ No...! ¡Nunca...! ¡Nunca...!
Abadesa	Llevadla, llevadla.
Clara	¡Ay...! ¡No! ¡No!

(Se esfuerza y cae otra vez sin sentido. La Abadesa hace señas a las monjas para que se la lleven, y ellas la sacan.)

Abadesa	Cierre esa puerta, Lucía. (A la Novicia.) Lléveme la llave, y ruegue a Dios por la madre Clara.

(Vase.)

Novicia	Traiga el agua, cierre la puerta. (Con despique, al salir.) ¡Pobres novicias! ¡Cuándo seré yo madre profesa!

(Vase cerrando de golpe.)

Acto V

Cuadro I

(Salón del palacio de Mendoza. El fondo va a dar al jardín y está ceñido de una verja con puerta en medio. Las ramas de los álamos y frutales, los pámpanos, flores y frutos del tiempo entran en el salón y lo refrescan. El jardín iluminado. Un desordenado banquete en el salón: manjares, platos, vinos, helados, adornos de lujo, pero en desorden. Dos puertas laterales.)

Escena I

(Mendoza, Pacheco, Robleda, Múzquiz, Fortuna, Beatriz, Dorotea, Margarita, Criados. Están sentados a la mesa, gritando y cantando, etc.)

Mendoza   Amigos, en mi vida...

Caballero I   Callarse, callarse...

(Sigue el murmullo.)

Robleda   La dama es muy dueña de elegir como quisiere: ¿Me oís, señor Rendones? Dejaos de hurgarme la cólera, amiguito: vamos, hermosa Dorotea, como se os antoje, sin rodeos.

Mendoza   El buen Robleda está más vivo que un azogue.

Dorotea   ¡Ja, ja, ja! Si no me dejan, señor alférez, yo no puedo... ¡Ja, ja, ja!

Robleda   Os he dicho que la dejéis hablar. ¡Voto al dios Baco...! ¿Cómo estamos aquí?

Rendones	Alférez, menos fieros, que yo no tengo ganas de hacer sino mi gusto.
Robleda	¡Cómo! (Levantándose.) Salid... (Dorotea deteniéndole.) Aquí, aquí; a mi lado os quiero yo. Nada de eso.

(Rendones tararea.)

Robleda	Dejadme señora.

(Fortuna y Beatriz se levantan con las copas.)

Fortuna y Beatriz	¡La canción, la canción...!
Pacheco	¡Allá va...! ¡Soldados!

(Con una botella echando vino en las copas.)

(Todos se levantan y cantan el siguiente:)

Coro:	¡Oh, caiga el que caiga!, ¡más vino!, ¡brindemos! A aquél que más beba loores sin fin con pámpanos ricos su frente adornemos, aplausos cantemos al rey del festín.
Todos	¡Victor, víctor, bien...!

(Se sientan.)

Mendoza	Amigos, así me gusta. Esto es lo que yo quiero. ¡Alegría, alegría! Que la hiel de los pesares se endulce con el licor de los vasos. (A los criados.) Muchachos, ¡retiraos, despejad, maestre-sala.

(Vanse los criados.)

Caballero I	¿Qué tal el vino de Grave, señor Robleda?
Robleda	Para mí como el de Yepes y el de Chipre; todos asombrosos; preguntádselo a esas botellas de Jerez que ruedan sobre la mesa sin una gota.
Mendoza	Niña Fortuna, bellísima morena, ponte esa flor en los cabellos, que quiero coronarte por reina de la fiesta.
Fortuna (La toma.)	Gracias, marqués; por complaceros la coloco en mi cabeza. (Lo hace.) Que si obrase libremente me la prendería en el lado del corazón.
Mendoza	Me has vencido, hermosa.
Fortuna	¿De veras, don Álvaro? Reparad que os oyen estas damas y podrían reñiros quizás...
Beatriz (Picada.)	¡Qué disparate! No, a fe mía: no me metería yo en semejante cosa.
Margarita	Contigo nadie puede competir Fortuna, que el nombre solo te abona.
Fortuna	¿El nombre solo? Me dejas obligada, Margarita.
Margarita	Dispensadme que no responda; porque debo atender al agasajo de estos caballeros. No tengo un instante mío.
Fortuna (Aparte.)	La envidia las quema.
Beatriz (Idem.)	¡Fea orgullosa!

Margarita (Idem.)	¡Fatua, soberbia!
Fortuna	Marqués, ¿es así como decíais? ¿Os parezco bien?
Mendoza	¡Divina! Con los ojos me atraviesas el alma, Fortuna, muerto me tienes.
Fortuna	¡Lisonjero! No tanto, no quiero yo...
Dorotea (A Robleda.)	¡Ja, ja, ja! Pues me he de reír de vuestras ocurrencias. El vino os trae alborotada la cabeza. ¿A dónde váis? ¿Qué, tan fea os parezco?
Robleda	Vóime donde quiero, que no estoy de burlas. No puedo estar más tiempo sentado, volveré. (A Rendones tocándole el brazo.) Señor galán, ¿habéis visto la que traigo al lado?

(Señala a su espada.)

Rendones	Tengo la copa llena. Esperad a este trago.
Caballero II (En pie.)	¡A cantar!
Mendoza	¡Que cante el poeta!
Múzquiz (En pie.)	¡Mi vaso está vacío!
Caballero I (Se lo llena.)	Bebed, que se os aclare la voz.
Caballero II	¡Silencio...! ¡Silencio...! Luego nosotros.

Canta el poeta Múzquiz

114

Alegres los ojos,
borracho el semblante
la copa espumante
en alto a brindar:
rebosen los labios
en besos y vino,
y al néctar divino
dé fuerza el azahar.

Coro: ¡Oh, caiga el que caiga!, ¡más vino!, ¡brindemos!
A aquél que más beba loores sin fin
con pámpanos ricos su frente adornemos,
aplausos cantemos al rey del festín.

Robleda Afuera, afuera, señor Valiente. (A Rendones, mientras el poeta canta.) Salid conmigo, que si no, ¡voto a Santiago!, que os arrastre por los cabezones.

Rendones Os escuece lo de la dama... ¿Eh? Pues vamos a los jardines, y cuidado con caeros, que estáis un poco desnivelado...

Robleda ¡Mejor cuchillada...!

(Vanse durante el coro.)

Dorotea ¡Señores, señores, que se van! ¡Un lance! ¡Una riña!

Múzquiz ¿Cómo? ¿Quién?

Dorotea Rendones y Robleda: desafiados.

Caballero I ¡Hola! ¡Haya paz!, a la mesa todo el mundo.

Dorotea	¡Van a matarse!
Mendoza	¡Ea! ¡Dejadlos! ¡Hacen bien: que se maten!
Todos	Dejadlos que se maten.
Múzquiz	Por mí, dejadlos, luego sabremos lo que ha sucedido.
Dorotea (Aparte.)	Rendones es muy sereno; pero ¿quién sabe? Corro a ver si los encuentro.
Beatriz	¡Dorotea! ¡Dorotea! ¿A dónde vas?
Pacheco	Si quiere verlos, ¡qué diantres!, que los vea reñir.
Mendoza	¡Que se diviertan! Aquí todos son libres, a nadie se le debe cortar su intención. El caso es pasar el tiempo alegremente.
Muchos	¡Bien dicho!
Caballero I (En pie.)	¡Brindo!
Todos	¡Brindis, brindis! Escuchad.
Caballero	Por el oro de las Indias, y las mujeres de España...
Varios	¡Viva Fortuna...! ¡Viva Beatriz...! ¡Margarita!

(Muchas palmadas: el poeta, poniéndose en pie, canta.)

Volcanes requeman
Mi frente encendida,

Más alma, más vida,
Crecer siento en mí:
Torrentes de vino
Las mesas esmalten,
En mil piezas salten
Cien copas y mil.

Coro: ¡Oh, caiga el que caiga!, ¡más vino!, ¡brindemos!
                         A aquel que más beba loores sin fin
                         Con pámpanos ricos su frente adornemos,
                         Aplausos cantemos al rey del festín.

(Por la puerta del jardín entran, cogidos del brazo y bulliciosos, Dorotea y Rendones, repitiendo la última parte del coro con grandes risotadas.)

Pacheco (Brinda.)   ¡Caballeros, a la salud de los maridos! ¡Porque el cielo los mantenga en su ceguedad...! (Muchos beben.) Amén, amén.

Mendoza   A ver, sepamos, Dorotea, ¿qué es de nuestro alférez?

Rendones   Nada, poca cosa, señor don Álvaro.

Mendoza   Le habéis atravesado de banda a banda... ¿O qué diablos habéis hecho?

Rendones   Os vais a morir de risa: escuchadme: Salimos... yo iba muy fresco, porque no he bebido de provecho; pero mi hombre, haciendo regates y dando traspiés..., «donde os acomode», le digo.» «Chito! Marchemos de callada», respondió, y poco después me dice: «¡Alto! Aquí estamos bien; nadie se mueva, el enemigo está encima...», yo me preparaba al lance, cuando la voz de Dorotea, que llamaba: «Caballero, caballero». Vuelve Robleda la cabeza, desenvaina y grita con fuerza...«¡España y Santa Teresa! ¡A ellos! ¡Victoria, victoria!» Decir esto y caer hecho un lío sobre las murtas del laberinto, todo fue uno. Yo acudí, Dorotea llegó, y procuramos levantarle, pero en vano. El campeón se empeñó en dar el asalto, y sin moverse del sitio seguía voceando: «¡No hay cuartel, no hay cuartel! ¡Ostende por el archiduque!»

Todos (Riendo.)	¡Bien!
Rendones	Allí le dejamos panza arriba encarnizado en los protestantes.
Muchos	¡Bravo por el veterano! No haya miedo que se le escape la plaza.
Margarita	Vamos a verle: le pondremos una corona de mimbres y le traeremos en triunfo.
Algunos	¡Sí, sí, la corona!
Múzquiz	Mejor sería dejarle. Que le dé la Luna. A ver si la bolsa se le llena de escudos, o si le deja encantado alguna bruja.
Pacheco	Le conviene tomar el fresco..
Dorotea	Es mejor que se refresque.
Mendoza	Te acompañaré, Fortuna.
Fortuna	Sí, marqués, quiero verle voceando en medio del jardín. Me divierte mucho ver un hombre alegre.

Mendoza	Voy contigo, hermosa. Aquí tienes mi mano. Digo... si me lo permites, reina mía.
Fortuna	Señor galán, con el alma y la vida. Nunca más honrada ni con tan gentil persona.

(Vanse dándose las manos.)

| Caballero I | Sí, sí, vamos a ver a Robleda. Mi copa queda rebosando: nadie la toque. |

(Vanse siguiéndole.)

Rendones	(Llenan las copas y beben.) ¡Bebamos!
Beatriz	Está hermosísima la noche.
Caballero IV	Ahora pasearemos y bailaremos en el cenador.
Pacheco	Licenciado Múzquiz, ¿conoces al autor de la última comedia nueva?
Margarita	¡Qué linda es la última comedia nueva! A mí me contentó sobremanera.
Múzquiz	¿De cuál decís, señor Pacheco? ¿Os acordáis del título?
Margarita	Yo lo diré... se llamaba...«¿Quién resiste a la mujer?, o el incendio de los mares». Todos fueron aplausos, alborotó el concurso.
Múzquiz	(Con desdén.) Pues no conozco al ingenio. No es extraño, ellos son infinitos a escribir comedias. Yo no voy por ese camino, sino que hago coplas para

	soldados, marineros, enamorados y gente risueña. Lo cierto es que me va bien y no me ando en adulaciones, que es la mía. Siempre estoy entre jarras, vasos, guitarras y panderetas.
Pacheco	Pardiez, que os mamáis una vida como la de un papa, amigo Múzquiz.
Caballero III	¿Qué duda tiene? Mejor que la de un indiano.
Múzquiz	Sea como quiera, afirmo que no la cambio por ninguna.

(Rendones Y Dorotea empiezan, y los demás siguen, cantando el coro. Entra el Padre Rafael, y no reparan en él.)

Padre Rafael	Por fin he podido penetrar hasta aquí. Antes de irme de la corte para siempre quiero ver a Mendoza. Quiero amonestarle. ¡Pobre huérfana! ¡Víctima de los engaños del mundo! Esta idea siempre fija, no me deja ni de día ni de noche... Una fiesta... un convite... ¡Qué diferencia! Preguntaré... (Se acerca.) Caballeros, perdonad si os interrumpo...
Pacheco	(Con frialdad.) ¡Hola! ¡Ah, padre Rafael!
Caballero II	El padre Rafael... ¿Pues no se hablaba de su destierro?
Pacheco	(Le ofrece silla.) Sentaos, si gustáis.
Rendones	No había cumplido el término para la salida... (Ofreciéndole un vaso.) Ahí tiene su reverencia, beba sin miedo.

Padre Rafael	(¡Delirantes!) Gracias, gracias, busco a don Álvaro; ¿me podéis decir dónde se halla
Pacheco	Aquí estaba ahora mismo... (Al poeta.) ¿Se fue don Álvaro?
Múzquiz	Salió a pasear por los jardines.
Rendones	¿No? Pues él se lo pierde.

(Bebe.)

Beatriz	Ahí lo tenéis. Ya viene.

(Mendoza entra por la verja dando el brazo a Fortuna.)

Mendoza	Mucho juicio tenéis, amigos. Fortuna y yo volvemos a reanimar vuestra languidez. ¿Qué? ¿No hay quien cante?
Pacheco	Aquí te buscan.
Mendoza	¿A mí? ¿Quién me busca?
Padre Rafael	(Adelantándose.) Señor, quisiera hablaros un instante.
Mendoza	Veamos, ¿qué se os ofrece, buen religioso?
Padre Rafael	¿Qué? ¿No me conocéis?
Mendoza	De sobra; pero, veamos que embajada es la vuestra para esta hora intempestiva. ¿Queréis dinero para el viaje?

Padre Rafael	Marqués de Palma, nada quiero para mí. A vos solo importa lo que voy a deciros. Oídrme sin testigos.
Mendoza	Padre Rafael, pocas arengas; no andemos con embelecos: hablad delante de mis amigos o volved otro día, o no volváis nunca, que por cierto no os he menester.
Padre Rafael	Lo sé, lo sé, os encontráis muy encenagado en los deleites y mentiras de la vanidad para pensar en la religión, ni en sus ministros. Pero mañana dejo para siempre el teatro de vuestros desórdenes, y vengo antes a haceros oír la voz del cielo.
Mendoza	Aquí no hay más voz que la mía, y en mi casa no sufro reconvenciones impertinentes. Salga de aquí sin tardanza el buen fraile, que le puede costar muy caro su atrevimiento.
Padre Rafael	El santo cielo que me anima aleja de mí todo temor y me alienta a arrostrar vuestro enojo. Marqués de Palma, tus pecados son enormes; vuelve los ojos sobre ti mismo y sobre la salvación. Deja tus locos extravíos, abandona los falsos gustos con que el demonio te trae embebecido, huye la ambición, los festines, los amores mercenarios y las mil abominaciones en que andas. La penitencia te llama... Sí, la penitencia te llama, y el rayo... (Todos ríen) exterminador brilla sobre tu cabeza. Aún es tiempo, don Álvaro, mañana tal vez será tarde...

(Unos ríen fuertemente sin hacer caso de lo que hablan el Padre y Mendoza. Otros producen murmullos contra el fraile.)

Unos	¡Ja, ja, ja! A Margarita le toca. Dejarla, dejarla, a ver si lo acierta.

Otros	¡Afuera el misionero! ¡Afuera!
Fortuna	(Abanicándose y componiéndose el vestido.) ¡Jesús! ¡Qué fastidio!
Mendoza	Dad gracias a la corona y al hábito que lleváis puesto... pero, mirad, padre, si os vais deprisa, porque si no, ¡voto a cribas!, que os haré echar a coces por mis lacayos.
Padre Rafael	¡Insensato! ¡Desoyes la voz de la divina misericordia, te burlas de Dios ofendido, quizás no crees en las penas de la otra vida...! Pero entonces, impío, ¿con qué derecho imaginas tú que habías de verte nadando en la opulencia, mientras las víctimas de tu iniquidad gimen en la desesperación? ¿Te acuerdas de Clara, inicuo? ¿Piensas en don Pedro de Figueroa? ¿Te has olvidado, ingrato, del pago que diste a los beneficios de tu tío el conde de Piedrahita?
Mendoza (Colérico.)	No puedo más. Fraile o serpiente, tu deliras como un poseído. Afuera, repito, escapa, marcha... que mi espada está saltándose de la vaina.
Padre Rafael	(Fervoroso.) ¡Señor! ¡Tened piedad de este miserable! ¡Que vuestra mano toque en su empedernido corazón y...

(Entran por el jardín Robleda, borracho, y el Caballero I, que le acompaña.)

Robleda	Ya han pagado los sueldos. ¡Viva el general! ¡Viva el maestre de campo! ¡Al saqueo, muchachos, al saqueo!
Padre Rafael	(Escandalizado.) ¿Qué es esto, Dios mío?

123

Caballero I	Camaradas, aquí está el invencible Robleda.
Robleda	(Repara en el fraile.) ¡Calla! ¿Por aquí andáis, capellán? ¿Habéis visto a los herejes? ¡Qué peste de canalla! (Riendo.) ¡Ji, ji, ji, ji! Como hormigas iban muriendo sin confesión. ¡Duro! ¡Duro...!
Pacheco	A la salud del vencedor de Ostende.

(Beben todos con algazara.)

Padre Rafael	¡Infeliz! ¡Privado de la razón, esclavo de sus vicios! ¡Qué vergüenza! ¡Qué miseria...!
Mendoza (Con furor.)	¡Qué! ¿Todavía estáis ahí, pobre fanático...? Espera, aguarda...

(Tira de la espada.)

Fortuna (Deteniéndole.) Teneos, señor marqués, teneos; ¿qué vais a hacer?

Padre Rafael	¡Desgraciado! ¡Mira lo que haces...! ¡Santo Dios, compadecedle!
Muchos	¡Quítese de ahí el importuno!
Pacheco	(Cogiéndole del brazo.) Vente, Mendoza: ¡A la mesa, a la mesa! No hagas caso de ese loco.
Mendoza	(Yendo a la mesa.) ¡Hola, camareros! ¡Hola, pajes!
Múzquiz	¡Allá va el alférez! ¡Dejadle, dejadle!

Robleda (Al fraile.)	¡Por San Telmo! ¡Qué llueven turcos dentro de la capitana! ¡Por allí, por allí padre cura! ¡A la lancha de cabeza! ¡Que estáis estorbando... vivo...!
Padre Rafael	¡Escándalo! ¡Reprobación...! ¡Temblad, infames, la venganza del cielo! (Vase.)
Robleda	(Corriendo al jardín.) Se salvó. ¡Al agua moros! ¡Fuego a la andanada! ¡Rinde Mahoma!
Mendoza	¡Corriendo va el fraile como perro con maza
(Todos ríen.)	
Múzquiz	¡Bomba! ¡Bomba!
(Se levantan.)	
Varios	¡Silencio, silencio...!
Canta el poeta	

Fosfórico el globo
En torno a mí gira,
Su aliento retira
La tierra a mis pies:
Y al aire en confuso
Rumor me levantan
Furiosos que cantan
Al Chipre y Jerez.

Coro

Volcanes requeman
Mi frente encendida,
Más alma, más vida,

Crecer siento en mí:
Torrentes de vino
Las mesas esmalten,
En mil piezas salten
Cien copas y mil.

Mendoza	Mentecato, no sé cómo no le he molido las costillas... ahora se me viene con responsos... Que mi prima es monja... Séalo por muchos años. Al que es tonto, su fortuna le vale. ¡Ja, ja, ja! Ni yo sé cómo vive el tal Figueroa... preciso es que tenga siete vidas como los gatos. (A Pacheco.) ¿Te acuerdas tú del dichoso desafío? Vamos... atravesado completamente. La mitad de la hoja le salía por la espalda...
Robleda	¡Soberbia estocada...!

(Ríen los hombres.)

Otáñez (A Mendoza.)	Un billete para vuestra señoría.
Mendoza (Le toma.)	Venga. ¿Quién le ha traído?
Otáñez	Una mujer tapada.
Mendoza	Que aguarde.
Otáñez	Creo que se fue.
Mendoza	Vaya con mil santos. Está bien, Otáñez (Vase Otáñez. Después de ver el papel.) ¡Aventura, aventura, caballeros!
Varios	¡Silencio, silencio!

Mendoza	Os voy a leer el billete: «Al señor don Álvaro de Mendoza, marqués de Palma. (Lee.) Caballero: si como sois galán y bizarro, tenéis valor para merecer los favores de la suerte, a las doce en punto de esta noche, cuando toquen a maitines, acudid a la plaza de la Villa, donde hallaréis quien os guíe a la presencia de una dama que siempre habéis tenido por hermosa. Pero advertid que es condición precisa la de que os dejéis vendar los ojos, y que si el ánimo os falta no tratéis de acometer la empresa. Dios os guarde. Once de julio de mil seiscientos veinticuatro» ¿Qué tal caballeros?
Múzquiz	(Cogiendo la carta, que tira Mendoza sobre la mesa.) Es letra de mujer enamorada, por vida mía. ¡Cómo se conoce que le temblaba el pulso al escribir!
Mendoza	¿Qué te parece, amigo Pacheco? Con lo que se viene de si me faltan los ánimos... ¡Vaya, vaya!
Pacheco	¡Linda flema!
Mendoza	A nosotros los que nos hemos andado buscando batallas por toda la redondez de la tierra, ¿eh? Cuando en el día no hay paseante en corte que por una mujer cualquiera no se deje atar las manos a la espada...
Rendones	Es que en todo caso aquí está mi espada que se pinta sola para eso de aventuras nocturnas.
Mendoza	¿Qué estáis hablando Rendones? No, señor: iré solo, y sobra gente, aunque se tratase de bajar a los profundos infiernos. Así como así ya estaba yo deseando alguna ocasión de andar a cuchilladas. ¡Miren que apuro es

el de ir a una cita! Como quien dice a la vuelta de la esquina.

Pacheco   (Hablando Con Mendoza.) ¿Sabes que me presumo de quién podrá ser la cita? Oye.

Beatriz (Con la Carta.) Y huele a ámbar que trasciende.

Margarita   Será de alguna señora principal.

Fortuna (Picada.)   Sí, seguramente. De alguna de esas damas encopetadas que siempre están dándose importancia, despreciando a las otras; y dale con su nobleza, y toma con su honor y vuelve con su decoro... ¡Hipócritas!

Mendoza   Pueden ser tantas... ¡Sea la que fuere! ¡Qué niñería! No me acuerdo qué plaza estábamos sitiando en Holanda -la de Mastrich sería-, lo cierto es que todas las noches escalaba yo el muro para ir a ver a la hija de un fabricante... ¡Y nada! ¡Tan fresco! (Frotándose las manos.) ¡Qué muchacha tan bonita...! ¡Más rubia que unas candelas!

Pacheco   De esas y como esas eran por allí moneda corriente.

Mendoza   Y a todo esto, ¿qué hora es? (Mira el reloj.) ¡Diantre! Las once y media. Me voy a tomar la capa. Fortuna, con tu licencia; supongo que no te enfadas. Señores, siga la danza como si nadie faltase; si estáis aquí cuando vuelva os contaré...

Varios   Sí, sí...

Pacheco   Verás como es la que yo sospecho.

Mendoza	¡Ojalá! Me alegraría en el alma... (Mira el reloj.) La media. Adiós, caballeros.

(Vase.)

Varios	Buena dicha, hasta la vuelta.
Múzquiz	Brindemos a la aventura del marqués, porque sea conquista en los brazos de una dama.

(Beben todos.)

Rendones	¡A danzar! ¡Al cenador!

(Vanse con algaraza cantando el coro.)

Cuadro II

(La celda de Clara; el arca abierta; Clara de rodillas junto a ella, teniendo una mano del cadáver que besa a veces. Un rayo de Luna entra en la estancia.)

Escena I

Clara	No, todavía no ha acabado todo para mí en este mundo. (Con la calma de la desesperación.) Todavía me queda un placer que gozar el último y morir después. Sí, me queda todavía mi venganza. ¡Don Pedro! ¡Esposo mío! ¡Muerto por mi culpa! ¡Ah! Maldita debilidad la de una mujer! Mi desmayo te costó a ti la vida. ¿Por qué no pasé de él a la muerte? ¿Para qué volví a ver la luz? Para hallarte ahogado, muerto... ¡Oh! Si supiera dónde están las semillas de la vida, si a costa de sufrir y de todos los martirios imaginables pudiera darte otra vez el

espíritu que te animaba...! ¡Oh, no, no hay remedio ya! Pero ya no nos separaremos nunca; yo también estoy resuelta a morir. El cielo ha desatendido mis lágrimas, me ha despeñado en el crimen... Pues bien; él sea el último consuelo de mi corazón; un crimen sea la última acción de mi vida. Sí, mi alma se consagra por toda una eternidad a todos los tormentos del abismo; mi alma renuncia para siempre a ese Dios tan injusto conmigo. Un crimen es ahora mi única esperanza; un crimen que a ti don Pedro, y a mí nos vengará por último de nuestro enemigo, del hombre que ha causado todas nuestras desgracias. Perdóname, esposo mío, si tu Clara respira aún y ama todavía la vida. Un momento nada más; te vengaré y volaré después a juntarme contigo. ¡Oh! Sí, yo me siento en este instante animada de un valor invencible, miro el mundo todo y cuanto dirán, con absoluto e indiferente desprecio: en el mundo no hay nada para mí más que yo y mi venganza. Pero, ¿vendrá él? ¿Seré tan desventurada que, ya resuelta a cometer el crimen, el infierno no favorezca mis planes? ¡Si Mendoza no viniera...! ¡Oh! ¡Entonces sería el colmo de la desesperación! ¡morir y dejarle a él vivo en el mundo y dichoso! ¡Cuánto tarda esa mujer! ¡Necia! Ella quería saber para qué le llamaba yo... ¡Cuán lejos está de comprender mi alma! ¡Y se asombra de mi empeño en hacerle venir! ¡Ah! ¡Yo la he dado la cruz de brillantes que me dio mi padre al morir! Pero, ¿qué hay ya que sea sagrado para mí? ¿Para mí, que doy mi alma al infierno en cambio de mi venganza? Alguien viene... ¿Será él? ¡Oh! No me faltarán las fuerzas... El volcán que abrasa mi alma dará esfuerzo a mi corazón y a mi brazo.

(Toma la daga de don Pedro, cierra el arcón y espera, azorada, junto a la puerta.)

Escena II

(Clara, Teresa.)

Clara	¿Viene? ¿Te ha prometido venir?
Teresa	Esperad, señorita, dejadme respirar un momento. ¡Vengo tan cansada...! ¡Qué palacio tan magnífico! ¡Y qué cena, qué algazara! ¡Qué lujo! A la verdad que debe ser un señor muy rico.
Clara	Pero tú le diste la carta, y él...
Teresa	Sí, señora, hice lo que me mandásteis: pregunté por la casa del marqués de Palma, y al momento, ya se ve, como que es un gran señor y no hay nadie que no le conozca. Pero, ¡Jesús! Señora, no miro a ese arcón una vez que no me dé miedo; no sé cómo tenéis valor para quedaros aquí sola con el muerto. ¡Desgracia como ella! ¿Quién lo había de haber creído? ¡En un momento! Y luego, cómo la señora abadesa tenía la llave, y tardásteis tantas horas en volver del accidente...
Clara	¡Ah!, es verdad. ¡Ojalá que no hubiera vuelto en mí nunca. Pero, di, Teresa, di, ¿has dicho que vendría?
Teresa	Sí, señora; la carta se la di a un criado. Pero ante todas cosas, ese cadáver es menester sacarle de aquí; ya os dije que hablaría a mi marido. ¡Pobre caballero! ¡Tantas horas encerrado ahí sin poder respirar! ¡Jesús, cuánto padecería para morirse!

Clara	¿No es verdad...? ¿No es verdad que padecería mucho? Pero él va a venir, sin duda, él va a venir.
Teresa	Él va a venir. Seguramente que esperáis mucho de su venida, porque tenéis un afán...
Clara	¡Ah! ¡Va a venir! ¡Va a venir! ¡Tú no sabes, Teresa, el favor que me has hecho; no, tú no puedes ni imaginarlo siquiera! Mira, todavía me queda esta sortija; tómala, y sé rica y vive feliz con tu marido.
Teresa	Pero, señora. ¿Ese cadáver...? Si lo encontrasen aquí... ¿Sabéis que os emparedarían viva? Tened cuidado que no lo vea ese señor, no sea que lo cuente y...
Clara	No, ese señor no se lo contará a nadie; yo te lo prometo.
Teresa	Pero, si por casualidad... ¿No valdría más sacarlo de aquí? Yo se lo diré a mi marido. Y esta noche misma quedará enterrado en la huerta.
Clara	No me hables más de eso; ese favor que te he pedido. Mañana, sí, mañana... ¡Oh! Déjame, vete, no sea que se pase la hora. Tú le habrás citado aquí cerca, con los ojos vendados. Cuidado, que no le has de decir quién le llama.
Teresa	Sí, sí, voy al instante. ¡Miedo que me da dejaros aquí sola con un muerto! Pero, ¡qué he de hacer! ¡Voy a obedeceros!

(Vase.)

132

Escena III

Clara   Por último, va mi venganza a cumplirse. ¡Siento una inquietud!... El corazón quiere saltarse del pecho. ¡Ah! ¡Cuán amargo es el placer de vengarse! ¡Pero es al fin un placer...! Mi sangre hierve. ¿Y yo, yo voy a cometer un crimen? ¿A asesinar a un hombre? ¡Yo, en otro tiempo tan tímida! ¡Qué serena está la noche! No hay una nube, todas están en mi alma., Todo está tranquilo, todos duermen, todos son sueños de felicidad para los que ahora reposan y se entregan tal vez a las ilusiones de la esperanza. Y todos ignoran mi desventura, y nadie piensa en esta triste celda, mansión del llanto y de la muerte. ¡Ah! Yo también en otro tiempo... ¡Mendoza! El vino a turbar mi felicidad. ¡Ah! Yo también he de arrebatarte la tuya... Un gran señor, con tanto lujo, en un palacio magnífico, dichoso, rodeado de amigos, de mujeres tal vez que le aman, embriagado en el placer y el vino. ¡Qué poco piensa, que ahora mismo en medio de su festín, le está acechando la muerte! Sí; su felicidad pasará como la mía ya pasó, ¡como un sueño! Y yo, yo misma seré quien se la arrebatará para siempre. ¡Ah! Tú vienes imaginando deleites, delirando nuevos placeres; tú juzgas tu aventura, tu cita de esta noche, una cita, una aventura de amor. No, don Álvaro; la venganza te ha citado y la muerte es la mujer enamorada que te espera para estrecharte para siempre entre sus brazos. Títulos, grandezas, oro, esperanza, todo esta noche lo vas a perder para siempre. Sí, Clara, aquella pobre mujer, débil, que despreciaste, que sacrificaste a tu ambición, aquella mujer en quien tú ya no piensas, sobre cuyas ruinas has elevado tu fortuna, como sobre un montón de escombros se edifica un suntuoso palacio; aquella mujer que por ti ha perdido su bien, su amor, su existencia y todo, en fin, en el mundo; aquella mujer misma es la que ahora te llama para saciar con tu malvada sangre la sed de venganza que incendia y devora su corazón... Siento ruido. No; todavía no viene... ¡Ah!, esta daga... ¡Bien se clavará en su corazón! ¡Pero es morir de un solo golpe...! ¡y no sufrirá las agonías que tú, esposo mío, has sufrido al morir...¡Y si mi brazo, débil, incierto... ¡Oh!, no; este veneno que esa mujer me trajo sin saber lo que yo le pedía... Sí, el veneno, el veneno devorará sus entrañas y abrasará lentamente su corazón. ¡Esposo mío, esposo mío! ¡Ah! Voy, en fin, a vengarte. ¡Tú, muerto! Arrancado de mí cuando apenas nos alumbraba otra vez la aurora de las ilusiones!. Esposo mío! ¡Ah! ¡Mis lágrimas escaldan como plomo derretido!

(Llora y se deja caer en un sillón)

Escena IV

Clara, Teresa, Mendoza (Que entra, vendados los ojos.)

Clara (Abre la puerta.) Ya está aquí... ¡Toda yo tiemblo!

Mendoza ¡Hemos llegado ya, maldita vieja! ¡Voto a Satanás! Hacerle a un hombre como yo jugar a la gallina ciega... por mi vida, que si me llevo chasco, que...

Teresa ¡Chist! Silencio, caballero; entrad, permitid que os quite la venda.

(Lo hace.)

Mendoza	Gracias al diablo, que ya no necesito de lazarillo. Pero ¿qué veo? ¿Estoy en una celda, o estoy soñando? ¡Pardiez, que no tengo yo vocación de fraile! ¡Clara! ¡Mi prima! ¡Voto va!, que es el lance más raro que ha sucedido en mi vida.
Clara (Azorada.)	Sí, don Álvaro, yo soy la que os ha llamado. Retírate, Teresa.
Teresa	Si ocurre algo, ya sabéis cómo me habéis de avisar. Dios nos saque con bien de este laberinto.

Escena V

(Clara, Mendoza.)

Mendoza	¡Por vida del papa mismo! ¡Que me alegro que te haya dado la ocurrencia de llamarme...! Ya se ve. ¡Qué demonio! Al cabo de año y medio de encerrona, natural es que quieras saber algo del mundo, pero es preciso confesar, Clara mía, que sois las mujeres el animal más caprichoso que cubre el cielo. ¡Ve usted y cuando se ha ido a acordar esta muchacha de mí!
Clara	No creo que tenga tanto de extraño que yo me acuerde de vos.
(Con amargura.)	
Mendoza	Cierto, hija, a mí no me extraña nada en el mundo. ¡Pardiez! Lo pasado, pasado, y tan amigos como antes. ¡Vive Dios! Que está aquí rodeada de santos que no han de dejar que la lleve el diablo. (Cambiando de tono.) No hagas caso de lo que diga, porque hemos tenido una

merendona varios amigos y te confieso que el Jerez me ha puesto de buen humor. Cuando venía con los ojos tapados veía yo más hombres que estrellas hay en el cielo. Pero es preciso confesar que es un lance... ¡Ja, ja, ja! (Se ríe.) Vamos, de lo más raro que puede suceder en este mundo.

Clara	¿Te has divertido mucho? ¿Estás contento? ¿Eres feliz? ¿No es verdad? (Horror me causa su vista..., corazón mío, valor.)
Mendoza	Y aquí tú, ¿en qué diablos pasas el tiempo? Rezar y más rezar, esa será vuestra ocupación continua, y como lo diario cansa, como dice no sé qué poeta pagano, tú has colgado el rosario y acordándote de lo mucho y bien que siempre te ha querido tu buen primo, me has hecho llamar para variar un poco la Escena. ¡Bravo! Lo apruebo, bueno es rezar; pero no es para todas horas. La cosa, bien mirado, es lo más natural.
Clara	Don Álvaro, qué buen humor tenéis. (¿Me acercaré a él? ¿Qué dije?) ¿No os remuerde, al verme, de nada vuestra conciencia?
Mendoza	Vamos, bien dicen: escrúpulos de monja. Prima mía. ¿A mí de qué me ha de remorder la conciencia? ¿De haber entrado aquí? En primer lugar que yo no he visto en dónde entraba, y en II que es una obra de misericordia consolar a las monjas tristes.
Clara	(¡Blasfemo!)
Mendoza	¡Pero qué tímida estás! Vamos, ya que he venido no me parece justo salir de aquí sin merecer antes algo

mi buena dicha. ¿A qué me has llamado si no? Vamos, anímate, y pasaremos charlando alegremente la noche.

(Tomándola una mano.)

Clara   Sí, tienes razón: pasaremos alegremente la noche. (Clara le da la mano izquierda quedándose un poco a la espalda, y saca el puñal con la derecha.) (Esposo mío, perdonadme.) ¡Oh! Sí, Mendoza, sí, te he llamado porque quiero salir de aquí y que hagamos juntos un viaje largo, muy largo.

Mendoza   Mira hija, deja ese tono de misionera y corre al mundo y divirtámonos.

Clara   (¡Oh! Si yo errara el golpe.)

(Amagándole el golpe a la espalda.)

Mendoza   (Hace un movimiento y Clara esconde la daga.) ¡Qué calor hace! ¡Esa ventanilla es tan chica! ¡Y luego ese maldito de Robleda que se ha empeñado en que aquí se puede beber tanto como en Flandes sin acordarse de lo diverso que es allí el clima! Apostó conmigo a quién bebía más pajarete, y fue necesario empinar el codo por no dejarse vencer. Tengo la garganta como un esparto.

Clara   Acercaos a la ventana, don Álvaro. (¡Oh! ¿Cómo haré?) ¿Queréis un vaso de agua? Quizá os refrescara un poco... ¿No sentís sed?

Mendoza   ¿Sed? No, no quiero agua. ¡Si hubiera sido otro vino! Pero el pajarete es capaz de abrasar las entrañas de un santo de piedra. Vaya, ya que te has acordado, dame esa agua a ver si me calma un poco.

Clara   (Con demostraciones de júbilo desesperado.) ¡Oh...! ¡Sí, agua! Voy a dártela al punto. Sí, te calmará, te aliviará sin duda la sed. (Y la mía al mismo tiempo.)

Mendoza   (Es buena esta pobre muchacha; se desvive por mí.) Bien dicen, Clara mía, que más vale caer en gracia que ser gracioso; dígolo, porque antes que te quería yo agradar no pude conseguirlo por más que hice, y ahora, cuando apenas pensaba en ti, he aquí que me buscas tú misma.

Clara   (Toda trémula echa los polvos en el agua y se la presenta.) Aquí tenéis el agua, bebed, que os hará mucho bien.

Mendoza   (Tomándola la mano.) Clara mía, ¿no es verdad que vives aquí aburrida y fastidiada sobremanera? Estás desmejorada un poco, pero no menos hermosa; al contrario, esa misma palidez hace realzar tu belleza. Deja aquí el agua sobre la mesa.

Clara   (¡Qué turbación!)

Mendoza   ¡Parece que estás sobresaltada...! Tienes las manos echas un hielo. ¿Qué tienes, Clara? Huyes de mí los ojos... pero... ya caigo. Es natural, te asusta el peligro que corres si me encontraran aquí contigo en la celda... el pudor...

Clara   ¿No bebéis, Mendoza?

138

Mendoza	Sí, pero antes quisiera estampar mis labios en tu hermosa mano.
Clara	(¡Oh, tormento inaguantable!)

(Retirando la mano y volviéndosela a dejar al momento.)

Mendoza	¡Retrechera!. Vaya, bebamos agua, y castiguemos con ella al vino. (Mirando el agua.) Está un poco turbia.
Clara	(¡Cielos!)
Mendoza	A tu salud.

(Bebe medio vaso.)

Clara	¡Oh...! ¿No bebéis más?
Mendoza	No, he bebido bastante.
Clara	Sí, bastante, yo también voy a beber, también yo estoy ardiendo... (Bebe el resto del vaso.) ¿No es verdad que sabe muy bien esta agua?

(Con risa sardónica.)

Mendoza	Como cualquiera otra, si no es que el traerla tú la ha dado mejor sabor.
Clara	(Con tono imponente.) ¿Creéis, don Álvaro, que es esta la hora de galanterías y chistes? ¿Creéis que no sea ya hora de que nos encomendemos a Dios y roguemos por nuestra alma?

Mendoza	Clara, ¿deliras? Este momento es uno de los pocos que el cielo concede al hombre para que se entregue al deleite y a las caricias del amor. Deja, repito, ese tono de misionera, y no pensemos sino en complacernos mutuamente y gozar de este instante que la fortuna nos ha concedido.
Clara	¿No sentís alteración ninguna dentro de vos? ¡No sentís arder vuestras entrañas? Don Álvaro, ha llegado el momento terrible de que mi venganza se cumpla; vuestra última hora ha sonado. La maldición que hicisteis caer sobre mí, ha herido ahora nuestras frentes a un mismo tiempo. Tú, monstruo, viniste a turbar mi dicha..., me has arrebatado mi inocencia..., me sepultaste en un claustro donde se ha abierto para mí el camino del infierno en vez de abrirse el del cielo. Y mientras tú reías entre el oro y los placeres, yo callaba y sufría y recordaba en mi soledad el amante que tú me hiciste perder: ¡Ah! Yo he perdido todo por ti, y justo, muy justo, era que algún día te pagara yo tantos males. Nada nos debemos ya: tú me has perdido y yo te he envenenado.
Mendoza	¡Mujer o demonio! ¿Dices verdad...? Siento un ardor... ¿Qué me has dado, mujer, que sufro todos los tormentos del infierno?
Clara	No os alteréis, don Álvaro; acordaos, de aquella calma... ¿No os acordáis? ¡Mirad, ved a don Pedro de Figueroa, vedlo muerto! ¡Muerto por vos! ¡Ved aquí vuestra obra!
Mendoza	¡Maldición! ¡Clara! ¡Ah! ¡No hay duda, sí! ¡Yo estoy envenenado! ¡Pero no he de ir yo solo, esta daga...!

(Tirando de su puñal.)

140

| Clara | Sí, ven, hiere, ¡acero! ¿No has visto que yo he bebido también? No, no irás solo, todos iremos juntos al infierno, todos llevaremos el mismo camino. Todos mano a mano entraremos en él, y los demonios festejarán nuestra llegada. ¡Ah! |

(Se deja caer en la silla.)

| Mendoza | ¡Favor! ¡Mujer infame ¡Ah! No importa: ¡Yo necesito desahogarme dándote de puñaladas! ¡Maldición! |

(Quiere ir hacia Clara pero le faltan las fuerzas y cae.)

| Clara | (Desfallecida y delirante.) ¿Y tú ambición...? Ahora... (Llaman con estrépito.) ¡Sí, ya están, ya están ahí...! Los infernales espíritus...! ¡Don Pedro! ¡Esposo mío...! |

(Se oye la campana del alba. Los golpes se redoblan, la puerta salta.)

Abadesa (Llamando.)   ¡Sor Clara, sor Clara! ¡Abrid!

Mendoza (Desesperado.) ¡Morir así...!

Clara (Moribunda.)   ¿Quién me llama? Así... ¡Mi venganza!

Monjas (Entrando.)   ¡Qué horror...!

| Mendoza | ¡Ira de Dios! ¡Condenación eterna! |

(Muere.)

| Abadesa | ¡Misericordia, misericordia, Dios mío! |

Clara   ¡Sí, Dios mío...! ¡Misericordia de mí!

(Expira.)

Fin

Libros a la carta

A la carta es un servicio especializado para
empresas,
librerías,
bibliotecas,
editoriales
y centros de enseñanza;
y permite confeccionar libros que, por su formato y concepción, sirven a los propósitos más específicos de estas instituciones.

Las empresas nos encargan ediciones personalizadas para marketing editorial o para regalos institucionales. Y los interesados solicitan, a título personal, ediciones antiguas, o no disponibles en el mercado; y las acompañan con notas y comentarios críticos.

Las ediciones tienen como apoyo un libro de estilo con todo tipo de referencias sobre los criterios de tratamiento tipográfico aplicados a nuestros libros que puede ser consultado en Linkgua-ediciones.com.

Linkgua edita por encargo diferentes versiones de una misma obra con distintos tratamientos ortotipográficos (actualizaciones de carácter divulgativo de un clásico, o versiones estrictamente fieles a la edición original de referencia).

Este servicio de ediciones a la carta le permitirá, si usted se dedica a la enseñanza, tener una forma de hacer pública su interpretación de un texto y, sobre una versión digitalizada «base», usted podrá introducir interpretaciones del texto fuente. Es un tópico que los profesores denuncien en clase los desmanes de una edición, o vayan comentando errores de interpretación de un texto y esta es una solución útil a esa necesidad del mundo académico.

Asimismo publicamos de manera sistemática, en un mismo catálogo, tesis doctorales y actas de congresos académicos, que son distribuidas a través de nuestra Web.

El servicio de «libros a la carta» funciona de dos formas.

1. Tenemos un fondo de libros digitalizados que usted puede personalizar en tiradas de al menos cinco ejemplares. Estas personalizaciones pueden ser de todo tipo: añadir notas de clase para uso de un grupo de estudiantes, introducir logos corporativos para uso con fines de marketing empresarial, etc. etc.

2. Buscamos libros descatalogados de otras editoriales y los reeditamos en tiradas cortas a petición de un cliente.

www.ingramcontent.com/pod-product-compliance
Lightning Source LLC
La Vergne TN
LVHW091220080426
835509LV00009B/1097